왜 교사 수준 교육과정인가

학급 운영의 자율성과 창의성을 살리는 교육과정 레시피

왜 교사 수준 교육과정인가

초판 1쇄 발행 2020년 12월 21일
초판 2쇄 발행 2021년 1월 4일

지은이 박진수
펴낸이 하인숙

기획총괄 김현종
책임편집 백상웅
디자인   정희정

펴낸곳 ㈜더블북코리아
출판등록 2009년 4월 13일 제2009-000020호
주소 서울시 양천구 목동서로 77 현대월드타워 1713호
전화 02-2061-0765   팩스 02-2061-0766
포스트 post.naver.com/doublebook
페이스북 www.facebook.com/doublebook1
이메일 doublebook@naver.com

ⓒ 박진수, 2020
ISBN 979-11-91194-03-6 (03370)

학급 운영의 자율성과 창의성을 살리는 교육과정 레시피

왜 교사 수준 교육과정인가

박진수 지음

다볼북

학급 운영의 자율성과 창의성이 여실하게 구현되기 위해서는 무엇보다 '교사 수준' 교육과정의 편성과 운영이 실질적 기능을 발휘할 수 있어야 한다. 그리고 교사 수준 교육과정은 학생과 함께 떠나는 지적 모험의 여정인 '수업'을 통해 그 진면모가 시나브로 드러나고 정립되어야 한다. 이 책의 저자는 바로 그 과업이 '단위 학급'에서 이루어져야 함을 역설하고 있다.

이재호 광주교육대학교 교수

교육과정을 고민하는 것은 제자인 학생의 미래를 고민한다는 것입니다. 항상 나의 학급을 넘어서 우리 학년, 우리 학교 교육과정의 변화를 위해 좌충우돌 종종거리는 박진수 선생님, 그는 어느 학교에서든 보배입니다. 교장과 선생님들 사이에 교육과정 노둣돌을 놓고, 학교와 학부모 사이에 교육과정 징검다리 역할도 잘 하는 박진수 선생님의 책은 교육과정을 고민하는 모든 선생님들의 이야기입니다. 마치 선후배 사이에 앉아서 도란도란 이야기하듯 펼쳐진 글이 선생님들의 마음에 '교육과정을 알고 싶고, 이해하고 싶고, 실행하고 싶은 의욕으로 꽃피우길 바랍니다. 교직자로 사는 동안 생생한 '교육과정'을 동반하길 기원합니다. 목포한빛초 교장으로 재직 당시 교무부장이었던 박진수 선생님, 자랑스럽습니다.

김여선 영광교육지원청 교육지원과장 장학관

개학 전날 쉽게 잠들지 못해 뒤척이다가 결국 악몽을 꾼 기억이 있다. 교직에 들어선 후 나에게 악몽은 귀신이 나오는 꿈이 아닌, 학급의 아이들이 말을 안 듣는 꿈이 되었다. '어느 정도 경력이 되면 새 학기를 앞두고 두려움보단 설레는 마음으로 기분 좋게 잠들 수 있을까?' 생각했다. 선배 교사들의 능숙함과 노련미가 부러웠다. 하지만 이 책을 읽은 후 이는 비단 경력만의 문제가 아니라 교육과정 분석, 연구, 실천에 달렸다는 걸 깨닫고 자신감이 생겼다.

교육과정? 성취기준 재구조화? 프로젝트? 교대 시절 들어는 봤어도 막상 학급 교육과정에 녹여내기는 쉽지 않았다. 교육과정을 수업에 녹여내기는 더더욱 어려웠다. 그래서 초심은 온데간데없이 교과서와 지도서에 의존하는 내 모습을 알면서도 바쁘다는 핑계로 모른 체했다. 부끄럽다. 아이들에게는 알면서 실천하지 않는 것은 모르는 것과 같다고 가르치는 내가 실천하지 않는 모습이. 이 책에는 교육과정뿐만 아니라 전반적인 학교생활, 학급 교육과정의 세세한 부분까지 아우르는 이야기로 가득하다.

자, 이제 나는 이 책을 기점으로 나만의 교육과정의 길을 차곡차곡 쌓아가려고 한다.

정주영 목포한빛초등학교 교사

이 책은 신규 교사부터 경력 교사까지 누군가의 멘토가 되어줄 책이다. 신규 교사에게는 학급의 일 년 살이를 야무지게 준비하고 실천해갈 수 있도록 하는 선배 교사의 진심 어린 마음이 담긴 책이고, 경력 교사에게는 잊어버리거나 놓치고 있었던 것들을 떠올리게 해주는 책이다.

학교 현장에서 한 번쯤은 보았거나 경험했던 사례 이야기로 문을 열고, 질문으로 우리의 생각을 깨운다. 그리고 경험을 통해 전해주는 진수샘's Tip과 다양한 실습지는 당장 실천해보고 싶은 용기를 준다.

'교사는 교육과정을 바라보는 안목을 가진 전문가다.'

특히 변화하는 교육과정을 이해하고 새롭게 바라볼 수 있는 안목을 가지고 우리 반만의 색깔이 담긴 교육과정을 계획해서 실천해보라고 한다. 우리 반 아이들의 다양한 모습과 특성을 담아 함께 어울릴 수 있는 교육과정을 운영해 보고 싶은 선생님들께 진수샘과 함께 해보시길 권해 드린다.

김미연 남악초등학교 특수 교사

신규 교사에게 교육과정이란 조사까지 달달 외우는 임용고시 암기과목으로 익숙하게 다가온다. 나 역시 처음 출근하는 학교에서 "이번 학기 교육과정 제출하세요."라는 말에 적잖이 당황했던 기억이 생생하다. 이 책의 내용들은 나에게 부족하지만 나름의 교육과정을 고민하며 전문가로서의 교사로 성장할 수 있는 주춧돌이 되었다. 교육과정을 만들고 현장에 녹여내는 과정들이 몸으로 다가오지 않는 많은 병아리 선생님들에게 선배 교사로서 친절히 설명해주는 책. 실제로 학교 현장에서 교육과정으로 씨름해본 사람만이 아는 꿀팁(?)들도 아끼지 않고 전수된다. 이 책에 제시된 단계를 차근차근 따라 가다 보면 나만의 교육과정을 들고 멋있게 교단에 서 있지 않을까?

정하경 서울 신규임용예정 예비교사

교사에게 '학교'란 무엇인가?

교사들에게 학교란 직장이자 생활의 터전이다. 하루 중 삼분의 일 이상을 학교에서 생활하기에 친숙할 수밖에 없는 공간이다. 학교에서의 생활은 단순하지만 복잡하다.

교육과정, 수업, 평가, 생활지도 등이 톱니바퀴처럼 맞물려 돌아간다. 이 모든 과정을 교사 개인이 하나하나 풀어가고 실타래가 얽히면 동료 교사와 함께 고민하여 풀어간다.

학교라는 공간은 한 채의 아파트와도 같다. 한 채의 건물 속에 여러 개의 반이 있고 학생들과 교사들이 함께 생활을 한다. 이런 공간 속에서 저마다의 특색과 창의적인 수업을 하도록 학교는 요구한다.

학교는 교육과정, 수업, 평가, 생활지도, 상담, 학교 관련 교육활동 등을 수요자의 요구에 맞게 제공하기 위해 교사들의 노력을 요구한다. 이런 이유로 학교는 교사들이 연구하는 삶의 터전이다.

교사에게 '교과서와 교과용 지도서는 어떤 존재인가?'

수업을 하기 위해서는 많은 것들이 필요하다. 교과에 대한 배경 지식, 교과의 특성, 교수·학습방법, 평가 그리고 교과서다. 교과서와 교과용 지도서는 교사들에게 없어서는 안 될 존재이기도 하다.

교과용 지도서에는 많은 자료들이 있다. 분석된 자료들을 기초로 교사들은 수업을 연구하여 재구조화한다. 하지만 우리가 간과하고 있는 것들이 있다. 교과서의 문제점인 전국 공통 기준을 어떻게 재구조화하여 우리 학생들에게 수업을 해야 하는 점이다.

일부 교사들은 교과서에 제시된 대로 수업을 진행한다. 즉 교과서를 교육관으로 바라보는 시각이다. 교과서를 바라보는 관점은 두 가지가 있다. 앞에서 설명한 교과서관과 교육과정 재구조화 관점이다. 무엇이 맞고 틀리다고는 할 수 없지만 필자는 교육과정 재구조화 관점이 앞으로 교사들이 지향해야 할 방향이라고 생각한다.

교사에게 '교육과정이란 무엇인가?'

일반인들은 교사를 교육의 전문가라고 한다. 교사들이 전문성을 나타내는 영역은 교육과정, 수업, 평가라고 할 수 있다. 하지만 교사들이 소홀히 하는 것이 있다. 바로 교육과정이다.

교육과정은 교과의 성격, 목표, 교수·학습방법, 평가 등을 고려하여 각 교과의 수업 방향을 설계하는 중요한 과정이다. 학기 초 교사들이 교육과정을 편성하기 위해 많은 노력을 하고 있다.

하지만 노력한 결과인 교육과정은 학교장의 결재를 받기 위한 형식적인 문서로만 존재하고 있다. 교과용 지도서처럼 매일 보면서 수업을 준비해야 하는데 책상 저 멀리 자리 잡고 있다는 현실은 매우 안타깝다.

학교의 문화에 따라 교육과정 편성 문화도 바뀌는 것 같다. 점점 학급 교육과정이 사라지고 학년 교육과정 체제로 변화하고 있다. 학년 교육과정이 문제시 된다고는 볼 수 없지만 담임교사가 학급 교육과정을 편성하지 않는다는 것은 우리가 한 번 생각해 보아야 할 문제다.

학급은 담임교사가 교육관을 가지고 교육과정과 수업, 평가를 펼치는 공간이다. 우리 반의 실태에 적합한 교육과정이 편성돼야 수업과 평가가 이루어지지 않을까? 이런 고민을 우리가 함께 생각해 보아야 한다.

이 책의 구성을 살펴보면

Part1은 교육과정에 대한 교사들의 이야기다. 1장에서는 교사들의 학교생활을 통해 교육과정이 어떻게 운영되는가에 대한 학교생활 이야기, 2장에서는 교육과정에 대한 시선을 신규 교사와 경력 교사의 대화, 교과서에 대한 교사들의 생각, 교육과정은 누구의 몫인가에 대한 생각을 다양한 관점에서 풀어냈다.

Part2는 교육과정에 안경을 씌워 올바르게 바라보기 위한 교육과정 이해편이다. 1장은 우리나라 교육과정에 대한 이해를 통해 학교 교육과정이 왜 필요한지, 2장은 개정 교육과정에 대한 이해를 바탕으로 성취기준과 평가기준을 알기 쉽게 풀어놓았다.

Part3은 나의 교사 수준 교육과정을 펼치는 방법을 단계별로 설명해 놓았다. 1장에서는 학교 교육과정을 면밀하게 들여다보아 우리 학교의 비전과 학교장의 교육관, 교육 목표에 따른 교육 중점이 어떻게 편성됐는지에 대한 이해를 높이는 데 중점을 두었으며, 2장에서는 교사 수준 교육과정을 편성하는 10가지 걸음을 펼쳐놓았다. 3장에서는 앞에서 소개한 교육과정을 실제 현장에서 적용한 사례를 간략하게 소개했다.

이 책에 담긴 교육과정의 부분적인 요소들은 정답은 아니다. 하지만 교육과정을 연구하고 직접 실천해 본 경험과 노하우를 교사들이 공감하고 함께 실천한다면 부정적인 시각이 달라지지 않겠냐는 희망을 갖는다.

범위가 방대한 교육과정에 대한 부분을 모두 담아내기가 쉽지 않았다. 학교 현장에서 교사들이 반드시 알고 있어야 하는 부분을 중심으로 집필했으며 방법적인 면에서 이 책을 읽는 교사들의 경험과 판단을 더한다면 필자가 제시하는 것보다 더 좋은 교육과정이 편성될 것이다.

이 책은 읽는 독자들이 자신의 교실에서 창의적이고 개성 있는 교육과정을 펼치기를 바라며, 아래의 글귀를 가슴에 새겨두기를 바란다.

교사는 교육과정을 바라보는 안목을 가진 전문가다.

2020년 12월
한 걸음 두 걸음 함께 성장해가는 교사 박진수

PART 2
교육과정에 안경을 씌우기

PART 3
교사 수준 교육과정 펼치기

PART **1**

악자지껄
교사들의 이야기

1장
교사들의 학교생활 엿보기

달타령

가수 김부자

달아 달아 밝은 달아 이태백이 놀던 달아
정월에 뜨는 저 달은 새 희망을 주는 달
이월에 뜨는 저 달은 동동주를 먹는 달
삼월에 뜨는 달은 처녀 가슴을 태우는 달
사월에 뜨는 달은 석가모니 탄생한 날
달아 달아 밝은 달아 이태백이 놀던 달아
오월에 뜨는 저 달은 단오 그네 뛰는 달
유월에 뜨는 저 달은 유두밀떡 먹는 달
칠월에 뜨는 달은 견우직녀가 만나는 달
팔월에 뜨는 달은 강강수월래 뜨는 달
달아 달아 밝은 달아 이태백이 놀던 달아
구월에 뜨는 저 달은 풍년가를 부르는 달
시월에 뜨는 저 달은 문풍지를 마르는 달
십일월에 뜨는 달은 동지팥죽을 먹는 달
십이월에 뜨는 달은 님 그리워 뜨는 달
님 그리워 뜨는 달

선생님은 학교생활 중에서 가장 기대되는 달은 몇 월인가요? (중복선택 가능)

1월 2월 3월 4월 5월 6월 7월 8월 9월 10월 11월 12월

이유는?

〈달타령〉을 모르는 교사는 없을 것이다. 워낙 대중적으로 널리 알려져 있는데다가 한번 들으면 흥이 나는 가락을 잊을 수가 없다. 〈달타령〉 가사에는 1월부터 12월까지 우리나라의 전통이 담겨 있다. 즉 우리 민족의 생활이 노래 한 곡에 담겨 있다.

나는 〈달타령〉 가사 중 1월 부분을 제일 좋아한다. 이유는 정월에 뜨는 달은 한 살을 더 먹어서 슬프기는 하지만 새로움, 신비로움, 기대, 희망을 심어주는 달이기 때문이다.

선생님들은 1년 중 몇 월이 가장 기다려질까? 교사마다 조금씩 차이가 있겠지만 대개 학생들 처음 만나게 되는 3월과 방학을 기대하게 되는 7월이 아닐까? 우리의 학교생활을 돌이켜 보자.

1년 동안의 학교생활

3월은 신학기, 학생 및 학부모 상담, 학급 및 전교학생회 임원 선출, 진단평가, 표준화 검사, 1학기 교육과정 설명회, 평가계획 수립, 부서별 추진계획 작성.

4월은 장애인의 날, 과학의 날, 친구 사랑 주간.

5월은 가족 한마당(운동회), 스포츠 데이, 어린이날, 어버이날.

6월은 현장체험학습, 수학여행, 수련회, 생존수영, 통일교육.

7월은 1학기 교육과정 평가회, 여름방학, 2학기 교육과정 편성

8월은 2학기 개학, 학생 및 학부모 상담, 학급 및 전교학생회 임원 선출, 2학기 교육과정 수정.

9월은 학부모 공개수업, 2학기 교육과정 설명회, 송편 만들기.

10월은 현장체험학습, 수학여행, 수련회, 독도교육.

11월은 인성 실천주간, 학예회, PAPS, 김장 나눔.

12월은 2학기 교육과정 평가회, 차기년도 교육과정 계획 수립.

1~2월은 졸업식 및 종업식, 겨울방학, 인사발령, 새학년 준비 기간, 새학기 교육과정 편성, 인수인계.

학교 현장과 교사의 365일이 파노라마처럼 머릿속에 그려질 것이다. 사실 어느 달이라고 편하고 기대된다는 말이 무색할 정도로 우리 교사들은 1년 365일을 하루하루를 전쟁터처럼 보내고 있다.

학교는 이렇게 학생들과의 수업, 교사들 간의 부서별 협조, 교육에 대한 협의, 등하교 맞이, 올바른 급식교육 등으로 바쁘게 흘러간다. 이런 교육활동의 근거는 과연 어디에서 나올까?

바로 교육과정이다.

학교 교육과정을 어떻게 편성하느냐에 따라 교사들의 생활도 달라진다.

한 걸음

지금 학교에서는
어떤 일이 일어나고 있는가?

학년별 등교수업 일정 변경

기존	변경	고등학교	중학교	초등학교
5월 13일 (수)	5월 20일 (수)	고3		
20일 (수)	27일 (수)	고2	중3	초1·2 + 유치원
27일 (수)	6월 3일 (수)	고1	중2	초3·4
6월 1일 (월)	8일 (월)		중1	초5·6

「출처: 강원도민일보 2020. 5. 12.자 신문」

코로나19가 전 세계를 강타하고 있다. 앞을 내다보는 선구안이 있었다면 미리 대비를 했겠지만 갑작스럽게 증가하는 확진자 숫자와 사망자 뉴스로 시시각각 변하는 지침들은 학교 교육과정을 뒤흔들어 놓았다.

　코로나19로 유례없는 등교 수업 및 개학이 3차례 연기되면서 교육부는 마지막 카드를 꺼내놓았다. 이것은 바로 '온라인 수업'이었다. 3월 21일 교육부 장관의 발표로 초·중·고등학생들의 수업을 오프라인에서 온라인으로 전환되는 교육 역사상 어디에서도 찾아볼 수 없는 교육과정의 대혁명이 일어났다.

　온라인 화상 회의나 수업은 물리적 접근이 어려운 지역이 많은 전남 신안교육지원청이 도입한 화상회의 시스템, 일부 학교에서 실시하고 있는 쌍방향 화상수업이 전부였는데 교육부 장관의 온라인 수업 전환 발표는 교육계에 큰 파장을 불러왔다.

　코로나19를 염두에 두지 않고 편성한 2020학년도 모든 교육활동은 취소하거나 연기했고, 사회적 거리를 두어야 하는 교실에서는 짝이나 모둠활동을 할 수 없는 낯선 환경으로 바뀌었다.

교육활동을 개인학습 위주로 편성할 수밖에 없는 다소 난해하고 복잡한 상황이 펼쳐져 선생님들의 혼란이 가중됐다.

이런 안타까운 현실 속에서도 '희망'의 빛이 된 것은 급작스러운 변화를 긍정적으로 받아들인 교사들의 마음과 태도였다. 이렇게 학교 교육과정은 코로나19로 인해 기존의 교육 형태에서 탈피하여 새로운 교육을 준비하는 미래교육과정, 온라인 교육과정으로 변환하는 큰 계기가 됐고, 교사들은 교육과정을 다시 생각해 보는 시간이 됐다.

두 걸음

선생님의 책상에는
무엇이 있나요?

　교실 안의 교사 책상은 생활공간이다. 출근부터 퇴근 때까지 교실 책상에서 생활하는 경우가 많다. 나이, 성별에 따라 책상 위에 두는 물건들이 다르다. 그렇다면 공통점은 무엇일까? 바로 교과서와 교과용 지도서가 차례대로 진열돼 있다는 점이다. 책상 주변에 교과서와 교과용 지도서가 공통적으로 있다는 것은 '선생님'들이 동일성을 가진 집단에 속해 있다는 것을 보여준다. 다른 한편으로는 지도서에 대한 의존도도 높다고 해석할 수도 있다.

　그렇다면,
　왜 교과용 지도서에 대한 의존도가 높을까?

　교육과정 편성 기간이 되면 교사들은 제일 먼저 교과용 지도서를 찾는다. 그런데 지도서가 없다면 우리는 당장 우리는 누구를 찾을까? 바로 교과서 담당 교사다.

실제로 교과용 지도서가 없는 교사들은 긴장을 하고 수업 준비를 힘들어 한다. 현장에서 지도서가 교육계의 바이블이라고 여길 정도이니 이것이 교사에게 얼마나 중요한지 더는 말하지 않아도 알 수 있다.

교과용 지도서는 아주 친절하게 구성돼 있다. 교과의 본질과 특성을 알려주는 총론, 단원별 구성에 따른 지도의 실제, 교과에 대한 본질과 특성을 자세히 알려주는 부록 등이 수록돼 있다. 교사들이 교재연구를 하지 않아도 될 정도로 친절하여 필자가 강의를 할 때 '친절한 지도서님'이라고 부를 때도 있다.

전국의 훌륭한 교수님과 교사들이 모여 만든 교과용 지도서를 무시할 수는 없지만 그렇다고 교과용 지도서를 맹신해서는 안 된다. 교과용 지도서는 전국의 일반적이고 보편타당한 내용을 중심으로 수록돼 있기 때문에 모든 지역의 특성을 교과 내용으로 담아낼 수가 없다는 것을 간과해서는 안 된다.

지역의 특성으로 인해 지도가 어려운 교육활동

- **미술과**: 감상 영역 중 박물관 및 전시관 방문
- **체육과**: 안전 영역 중 스케이트, 스키, 인라인, 자전거
- **사회과**: 농촌생활의 모습, 도시생활의 모습

이렇게 표면적으로 드러나는 문제가 있는데도 교사들이 재구조화(재구성)를 하지 않고 교과서 내용을 제시된 그대로 학생들에게 가르치고 있다면, 학생들에게 학습이 무의미하게 다가올 수밖에 없다. 아이들이 배움의 기쁨을 느끼고 학습의욕이 충만해질 수 있도록 교육과정

을 재구조화해야 한다.

 교육과정을 연구하고 재구조화 하는 교사들은 지도서를 보기 전에 성취기준을 먼저 살펴본다. 성취기준에 제시된 내용 요소와 수행 요소를 분석하고 이를 통해 무엇을 어떻게 가르치고 평가할 것인가에 대한 기준을 계획한 교사는 그다음 참고자료로 교과용 지도서를 살펴본다. 그렇기 때문에 이런 교사들의 책상에는 개정 교육과정 총론, 교과별 총론, 성취기준, 평가기준 등의 장학자료들이 즐비하다. 이 책들이 어떻게 생기고 어떤 내용이 수록됐기에 교사들의 지침서가 돼야 한다고 말하는 것인지 직접 찾아 살펴보았으면 좋겠다.

세 걸음

월별 선생님의 스케줄은?

학교의 시간은 매우 빠르게 돌아간다. 이는 교육활동이 정해져 있기 때문이다. 교사들의 생활은 단순하면서도 반대로 복잡하기도 하다. 교사 생활이 단순한 이유는 매일 같은 생활이 반복되기 때문이고, 교사 생활이 복잡한 이유는 교육활동에 따른 교재연구, 생활지도가 매일 매일 달라지는 어려움이 있기 때문이다.

ㅇ 3월 : 입학식 , 상담 , 진단 평가

ㅇ 4월 : 과학의 날 , 장애인의 날

ㅇ 5월 : 운동회 , 수업공개

ㅇ 6월 : 현장 체험학습 ,

교육과정 스케줄은 매월 정해져 있고, 이로 인해 교사들의 학교 업무는 반복된다. 3월이 되면 바쁘게 일을 시작한다. 그러다가 잠시 숨을 고르는 6월과 10월, 다시 학년을 마무리하는 1~2월까지, 매년 이런 패턴이 반복된다. 이런 패턴 속에 우리는 월별로 준비해야 하는 교육활동들이 많다. 월별로 교육과정을 들여다보자.

1. 3, 8월은 교육과정 수정의 달

'따르릉.' 아침부터 교실에 전화가 오면 받기가 싫다. 뻔히 좋은 뉴스가 아닌 것을 알기 때문이다. 요즘은 교실 전화기에서 발신 번호를 확인할 수 있어서 누구인지 바로 알 수가 있다. 특히 교무나 연구부장으로부터 전화가 오면 더욱 받기가 싫다. 전화 용건이 뻔하기 때문이다.

"○○선생님 교육과정 제출이 안 됐어요."

"네, 아직 안 됐어요."

"빨리 주세요."

"네, 알겠습니다."

교무부장과 연구부장은 3월에는 특히나 호환마마보다 무서운 저승사자 같다. 매일 독촉하고 요구하는 사항이 많기 때문이다.

왜 그럴 수밖에 없나?

저승사자 역을 도맡아하는 그분들의 입장에서 생각해보자.

동학년 교사들과 협의된 학년 교육과정을 우리 학급에 맞추어 개성 있게 편집하는 것은 담임교사의 몫이겠지만 큰 맥락에서 교육과정 운영 계획 및 책임은 대부분 부장교사의 몫으로 떨어진다. 그래서 3월은 모두 바쁘지만 부장교사들이 제일 바쁘다.

교육과정 편성 중 수정이 많은 부분

· 학교 교육과정 교육 중점에 따른 학년 및 학급 교육과정의 연계성
· 교과 및 창의적 체험활동 편성에 따른 시수 일치 여부
· 범교과 학습 주제를 교과 교육 내용과 연계 여부
· 학급의 실태에 맞지 않는 교과용 지도서의 교과 진도 계획 편성
· 전년도 교육과정의 Ctrl+C, Ctrl+V

---

2. 4월은 교육과정 만들어가는 달

정신없는 3월을 보내고 나면 교육과정에 대한 요구사항이 줄어드는 것이 아니라 가끔 늘어날 때가 있다. 매일 아침 출근을 하면 학교 내 메신저에서 쪽지가 부서별로 날아든다.

아침부터 수많은 쪽지를 확인하다 보면 짜증이 날 때가 많다. 학생들 관리, 아침 활동 운영, 교과 준비 등으로 바쁜 시간에 요구사항이 많은 쪽지는 달갑지 않다.

교육활동은 미리 예측이 가능하지만, 교육지원청에서 요구하는 교육활동은 예측이 불가능할 수 있다. 이럴 때 우리는 교육과정을 수정하게 된다. 교사가 학기 초에 편성한 교육과정에 수정되고 추가되는 교육활동을 변형시키는 것을 **만들어가는 교육과정**이라고 한다.

미리 편성한 교육과정에 요구사항을 수정하려면 교육과정 전체

를 보는 안목이 있어야 한다. 요구하는 교육활동에 반영될 시수 반영의 적합성, 성취기준에 따른 교육활동 연결의 적절성 등을 분석해야 한다.

갑작스럽게 요구되는 교육활동을 미리 예측할 수는 없을까? 예측할 수 있다. 3년간의 부서별 추진 활동과 상급 기관의 공문 내용을 분석하면 사전에 교육활동을 반영할 수 있다.

상급 기관으로부터 요구되는 교육활동을 미리 예측하자

- 3월 – 인성교육 실천주간, 친구 사랑 주간, 보건교육, 학생평가, 학생 및 학부모 상담, 학부모 교육
- 4월 – 환경교육, 장애 이해 교육, 과학의 날, PAPS, 예능교육
- 5월 – 다문화 이해 교육, 생존수영, 스포츠 클럽, 학생 자치 교육
- 6월 – 현충일 계기 교육, 6·25 통일교육, 환경교육, 안전교육
- 7월 – 제헌절 계기 교육, 학생 심폐소생술교육, 인성교육
- 8월 – SW 관련 교육
- 9월 – 인성교육 실천주간, ,영양교육, 학교폭력 예방교육
- 10월 – 친구 사랑 주간, 독도 교육
- 11월 – 학생 동아리 활동 교육
- 12월 – 마을 학교 교육, 진로 교육
- 1, 2월 – 꿈, 끼 탐색주간

교무부에서 선생님들께 안내 드립니다.
이번 달에는 교육청에서 요구하는 교육활동이 많네요.
세월호 관련 계기 교육 교과 연계 1시간
과학의 날 창의교육 과학 관련 4시간
지역사랑교육 교과 연계 3시간
인성교육 교과 연계 2시간

3. 5, 9월은 교육과정 시수 증감의 달

Question

체육부장, 체험 담당, 5학년, 6학년
교사들이 가장 싫어하는 달은?

교사들에게 5, 9월은 정신없는 달이다. 우리 아이들을 위한 가족운동회, 현장체험학습, 수련회, 수학여행 등의 준비로 교사들이 체력적으로 힘든 시기를 겪는다.

교육활동이 많다는 것은 학교가 바쁜데다가 교사 간의 협의 및 회의가 많아 서로 협조가 이루어지지 않으면 피곤해 질 수 있다는 뜻이기도 하다. 특히나 5월은 체험활동이 많은데, 이는 준비 기간 또한 만만치 않다는 것을 뜻한다. 업무 준비 내용을 차근차근 살펴보자.

본교의 사례다. 교육공동체의 요구사항으로 학년별 스포츠 데이가 아닌 가족운동회를 교육과정에 편성했다. 보통 학교들에서 아빠들의 참여율을 높이기 위해 5월 1일 근로자의 날에 가족운동회를 많이 한다. 본교도 3년째 시행하고 있는데 처음에는 4교시로 계획을 했다. 하지만 계획에 따른 프로그램을 준비하다보니 2시간 증배가 필요한 상황이 발생하게 됐고 결국 모든 학년 및 학급에서 그렇게 진행하기로 했다. 그러자 교사들의 불만이 여기저기서 쏟아졌다. 모두가 느꼈던 가장 큰 고민은 시수를 어디서 가져와야 하는지에 대한 문제였다.

교육활동을 계획하다 보면 기존에 편성한 시수보다 증배해야 하는 경우가 발생하기도 한다. 이처럼 운동회, 현장체험학습, 수련회, 수학여행 등 체험과 관련된 교육활동에는 변동사항이 생길 수 있다. 이럴 경우 선생님은 증배된 시수에 대한 부분을 어떻게 해결해야 할까?

교과별로 최소 5%의 담임 재량시간을 확보하라.

교육활동에 대한 요구사항이 있으면 기존에 편성한 교육 내용을 수정해야 하는데, 수정하지 않고 반영할 수 있는 부분이 있다. 바로 교과별 담임 재량시간이다.

국어의 경우 5~6학년 군에서는 408시간이 제시돼 있다. 학년으로 나누면 5학년에서는 204시간, 학기로 나누면 102시간이 배정된다. 이 102시간에서 5% 정도인 5시간에서 6시간을 담임 재량시간으로 편성하고, 이 시간을 변경이 생긴 교육활동에 대한 요구시간으로 편성하거나 교과 부분에서 부족한 영역을 보충할 수 있는 시간으로 운영하면 좋다.

4. 6, 10, 11월은 교육과정 안정의 달

교사들끼리 인사말은 보통 이렇다.

'오늘 바빠? 요즘 어때? 왜 바빠?'

반복되며 돌아가는 학교 일상생활 속에서도 바쁘게 지나가는 달이 있는가 하면 바쁘지 않은 달도 있다.

6, 10, 11월은 다른 달에 비해 교육활동이 적은 달이다. 그만큼 교사가 학생들에게 집중할 수 있고 교실이 안정된다. 교실의 안정은 교사의 안정을 가져오면서 생활지도와 교과지도에 신경을 쏟을 수 있어서 좋다.

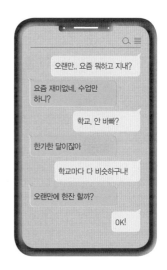

교사들이 교육과정에 편성된 교육활동에 집중하게 되면 교과 활동을 신나고 재미있게 펼칠 수 있다. 그러나 교육과정이 안정되지 않으면 수업의 질이 떨어지고 진도에 연연하게 된다.

Q1. 학기 초에 편성된 교육과정대로 수업을 하나요?
Q2. 교육과정 편성한 것은 책상 저편에 두고 주간학습 안내와는
    다른 수업을 하시지는 않나요?

현실적으로 교육과정 편성대로 수업이 그대로 전개되기는 힘들다. 이는 교육과정 중 예기치 못한 교육활동들이 중간 중간에 끼어들기 때문이다. 그럼에도 다른 달에 비해 6, 10, 11월은 학교 교육활동이 비교적 안정되기 때문에 교사는 마음껏 교육과정을 펼칠 수 있다. 분주했던 달에 펼치지 못했던 교육과정을 다듬어 학기 초에 편성했던 대로 교육을 차분하게 전개할 수 있다.

[교육과정-수업-평가의 일관성]이라는 말을 들어보았을 것이다. 지금 교육의 흐름이기도 하고 2015 개정 교육과정이 추구하는 방향성이기도 하다.

우리가 교육과정을 펼칠 수 있는 곳은 교실 공간이고 지금 이 순간 무엇을 어떤 방식으로 교육을 하는지는 교사 본인만 알고 있다. 우리 학생들의 미래를 위해 우리 교사들이 할 수 있는 것은 수업이다. 전문성을 가진 교사들이 교육과정을 올바르게 이해하지 않으면 교육과정은 뒷걸음칠 수 있다는 점을 명심해야 한다.

> **교육과정 - 수업 - 평가의 일관성을 가지자**
>
> • 교사에 의한 교육과정 재구조화 역량이 강조
> • 교육과정-수업-평가 일관성을 위한 공감대 형성 및 관점의 변화
> • 교육과정, 수업, 평가에 대한 교사의 전문성 신장

5. 7, 12월은 교육과정 평가의 달

달력에서 7월과 12월을 마주쳤을 때, 교사들은 서로 다른 느낌을 받게 된다. 신규 교사는 처음으로 맞이하는 방학을 기다리게 된다. 다른 교사들은 학기 말 평가 처리 업무 생각이 먼저 들고, 부장교사는 부서별 및 학년 교육과정 평가를, 교무 및 연구부장은 학교, 학년, 학급 교육과정에 대한 평가를 계획하고 실행할 생각을 한다. 이처럼 학교는 각 구성원들이 업무분장에 따라 움직인다. 즉 교사마다 하는 업무가 다르다.

농사를 하는 분들이 항상 농기구를 정리하면서 다음 해 농사를 준비하는 것처럼 교육과정도 학기마다 평가하고 새로운 준비를 하게 된다. 7월과 12월은 교육과정 농사에 대해 수확을 하는 달이다. 모든 교직원이 모여서 반성, 평가, 개선할 점을 찾곤 한다. 하지만 딱딱한 자리기에 교사들은 말을 많이 아낀다.

교육과정 평가회, 대토론회, 한자리 모임 등 학교들마다 부르는 명칭이 다르다. 이는 학교의 특색을 반영한 명칭이기에 학교의 분위기

도 사뭇 알 수 있다. 예전에는 교육과정 '반성회'라는 아주 무거운 명칭을 사용하여 못한 것만 찾으려고 노력을 했던 시절이 있었다. 제시되는 양식도 아주 딱딱하여 반성할 점을 찾아낼 수밖에 없는 형식적인 협의회가 돼버려 많은 교사들이 그 시간을 시간 낭비로 여겼다.

평가 영역		주요 교육활동(실적)	반성점	개선할 점
교육과정 운영	교과			
	창의적 체험활동			

한 학기 동안 무엇을 반성하라는 것인지 자리에 앉은 교사들은 가시방석에 앉은 듯했다. 따라서 회의 분위기는 무거울 수밖에 없었다. 회의를 이끌어가는 교무나 연구부장은 교사들의 따가운 시선을 한 몸에 받게 되고, 관리자들의 잔소리는 유독 매섭다.

하지만 이런 자리를 마련하지 않는다면 우리 학교, 학년, 학급교육과정에 대해 고민할 수 있는 자리가 딱히 없다. 그렇다면 우리는 무엇을 고민하고 평가해야 할까?

교사가 적극적으로 목소리를 높여야 한다. 교육과정을 움직이는 주체는 교사들이다. 교무부장이나 연구부장은 기획을 하는 입장이지 움직이는 주체가 아니다. 그러나 간혹 교사들은 교무부장이나 연구부장이 하라는 대로만 교육활동을 할 때가 있다.

영역별로 생각을 해보라. 우리 학교의 교육활동 중 개선이 필요한 부분, 없어도 될 부분, 장려할 부분을 찾아 다음 학기 또는 내년 교육과정에 반영해야 한다. 교사가 발문을 했을 때 학생들이 아무도 손을 들지 않으면 어떤 마음인가? 이와 마찬가지로 기존 교육과정에 대해 문제점을 찾지도 않고 말도 하지 않으면 변화시킬 수 없다.

한편으로는 말을 히고 발언을 해도 무시되고 변화기 없는데 말을 할 필요가 있냐고 반문하는 교사들도 있다. 변화로 가는 길 앞에는 기존 문화가 세워둔 장벽이 있기 마련이다. 이 장벽을 구성원들의 의견으로 바꾸어 보려고 하는 학교의 노력이 필요하다.

우리 학교의 평가회를 살펴보면 답이 보일 것이다. 무거운 분위기라면 회의 방식, 회의 형태, 평가지 등을 바꾸어 보라. 무겁고 엄숙한 분위기의 회의가 아닌 민주적으로 열린 회의로 변화시킨다면, 교육과정에 대한 여러 가지의 의견과 협의 주제가 도출될 것이다.

토론회식의 자리 배치가 아닌 전체가 서로 마주 보면서 눈 맞춤을 할 수 있는 'ㅁ'자 'ㅇ'자 형태로의 자리 배치 변화는 어떨까. 주제에 관한 생각을 종이에 써서 날려 뽑아서 하는 자유 토의식 등 다양한 방법도 존재한다.

교육과정 평가에 대한 관점 가지기

- 교육과정 반영사항에 대한 점검
- 학교 교육과정의 교육활동에 대한 더하기 빼기
- 교육활동의 효율성, 효과성, 적절성
  - 예산투입 때 예산에 대한 적절성은 더욱 중요
- 학년 교육과정 운영상의 개선사항
- 학급 교육과정 운영상의 필요사항

6. 1, 2월은 새 학년도 교육과정 편성의 달

2019년 우리나라 최고의 히트 상품은 '펭수'이다. EBS에서 기획으로 만들어진 펭수는 순식간에 우리나라를 강타했다. 어린이의 대통령이 뽀로로라면 펭수는 청소년과 어른들의 아이콘이 돼버렸다. 인기를 끄는 데는 이유가 있는데 그의 큰 몸짓에 귀여운 목소리, 직설적인 발언, 상황에 맞는 행동, 깍듯한 인사성 등이다. 펭수의 인기는 EBS 본방송에 이어 자이언트 펭TV인 유튜브까지 확대돼 실시간으로 볼 수가 있다.

펭수의 동작, 노래, 유행어 등을 사람들이 따라 하고 학교에서도 그 모습을 쉽게 찾아볼 수가 있다.

비가 오는 날이면 펭수 우산이 학교를 수놓고, 펭수의 행동을 따라 하는 우리 아이들을 보면 유행에 뒤처져서는 안 된다고 생각을 한다. 교사들도 유행에 민감해야 아이들과 소통이 된다.

이렇듯 사회 · 문화적 변화는 쉽게 받아들이는데 교육과정의 변화에 있어서의 새로운 트렌드는 쉽게 받아들여지지 않는다. 왜냐하면 많이 생각하고 고민하고 계획을 수립해야 하기 때문이다. 이런 고민을 우리는 주로 1월부터 시작하며, 이때부터 교사들은 큰 숙제가 안게 된다. 바로 새 학년도 교육과정 편성에 대한 것이다.

학사일정 방식의 변화에 따라 학교마다 시기가 다소 다를 수 있지만 보통 새 학년도 교육과정 준비는 12월의 평가회를 통해 시작된다. 빠른 학교는 10월부터 시작하는 경우도 있지만, 보통 학교들은 12월부터 시작하고 이를 바탕으로 본격적인 작업은 1월부터 시작된다.

펭수가 처음부터 등장한 것은 아니다. 캐릭터를 기획하고 만들고 시험을 해보고, 수정하고 개선하고 여러 가지의 단계를 거쳐 탄생했다. 새 학년도 교육과정 편성을 위해 기존 교육과정에 대한 분석, 실태 분석, 요구사항, 개선점을 하나하나 분석하여 교육활동에 플러스 요소인지 마이너스 요소인지를 찾아야 한다. 또한 이러한 판단과 선택의 과정이라는 연속선상에서 교무나 연구부장과 같은 특정 인물에게만 맡길 것이 아니라 우리 교사 모두가, 최고의 캐릭터를 만들 듯 고민하고 결정하는 주체가 됐으면 한다.

교육과정에 대한 새로운 패러다임 요구

· 무엇을 바꿀지가 아닌 우리 학교에 필요한 교육인지를 판단
· 교육과정 요구사항에 대한 학생과 학부모의 의견 수렴
· 우리가 원하는 교육과정의 방향성을 확인

네 걸음

선생님의 학년말 생활은
어떤가요?

매년 학기 말(11~12월)이 다가오면 교사들은 바쁜 일정을 보내게 된다. 새 학년도 방향에 대한 고민, 학년 및 학급 교육과정 편성, 담임 및 업무분장 희망서 제출, 타시도 전출, 관외 및 관내 전출 등 많은 일이 쓰나미처럼 밀려든다.

이런 정신없는 틈을 타 교육과정 업무를 이끄는 교무부장, 연구부장, 교육과정부장은 선생님들을 흔들기 시작한다. 바로 새 학년도 학교 교육과정 수립을 위한 협의를 하기 위해서다.

학교 교육과정 수립을 위한 근거는 무엇이 있나요?

학교 교육과정을 편성하기 위해 교사 및 교직원들은 수많은 자료와 데이터를 분석하고 해석하며, 학생·학부모·지역사회(마을공동체)의 요구사항을 반영하기 위해 많은 시간을 보내고 있다.

새로운 학교문화를 창조하기보다는 기존의 학교 교육과정을 수정하고 보완하여 업그레이드된 교육과정을 편성하고자 하는 목적이 있다.

이 목적을 달성하기 위해 학교에서는 학교 교육과정위원회, 학년 (군) 교육과정위원회, 교과별 교육과정위원회, 교육공동체 교육과정 대토론회, 학교운영위원회 등 단계별로 협의를 거쳐 2월이면 전국의 모든 학교에서 새로운 학교 교육과정이 탄생하게 된다.

다섯 걸음

새 학년 집중 준비 기간에는
무엇을 하세요?

학교는 매년 2월을 기준으로 새로운 전입 교원과 기존 교원들이 융합돼 새로운 학교문화를 만들고 있다. 매년 2월이 되면 전국의 모든 학교에서는 새 학년 집중 준비 기간을 운영하여 새로 전입하는 교원들과 기존 교원들이 새 학년도에 대한 적응을 할 수 있는 시기를 시도교육청별로 운영을 하고 있다.

이 기간은 짧게는 3일 길게는 2주간 운영이 되고 있으며, 이 제도가 차츰 정착돼 전입 교사들은 전출교에 당당하게 출장처리하고 새 학교 출근을 하게 됐다. 학교에서는 전입 학교의 교육과정에 대한 이해도 향상을 위한 연수를 운영하며, 이 연수를 통해 전입 교사들은 기존 교사들이 준비해놓은 학년 교육과정 수정, 학급 교육과정 편성, 교과 전담 교사들은 해당 학년의 교과 전담 교육과정을 편성하는 준비를 한다.

학교의 여건에 따라 다르지만 학년 교육과정만 편성하는 학교, 학급 교육과정을 편성하는 학교, 학년 및 학급 교육과정을 모두 편성하는 학교가 있으며, 이는 관리자 경영방침과 기존 학교의 교육과정 편성 방침에 따라 달라진다.

이 세 가지 유형의 학교에 모두 근무를 해보았지만, 어느 학교의 유형에서든 교사들의 한숨과 탄성이 똑같이 나오는 것을 경험했다.

새 학년 집중 준비 기간에 전입 교사는
이런 질문을 많이 한다.

"선생님 이 학교에서는 원래 이렇게 교육과정을 편성해요?"

"제가 전입 교사라 잘 모르지만 이게 맞는 건가요?"

"○○부장님 교육과정을 왜 이렇게 해야 하나요?"

"이렇게 해야 하는 근거가 무엇인가요?"

"내가 아는 ○○학교 교육과정은 이렇게 힘들다고 안 들었는데 바꿔었나요?"

이유 불문하고 신규 교사나 경력 교사나 할 것 없이 통하는 풍경이다. 본인의 의지에 따라 학교를 옮긴 교사도 있지만, 본인의 의사와는 상관없이 전입한 교사들도 있어 이러한 현상은 더욱 심하다.

새 학년 집중 준비 기간이 교사들에게 한편으로는 무거운 짐을 짊어지는 시기여서 안타까운 마음도 든다. 즐겁게 웃으면서 새 학년을 준비하는 기간에 학교—학년—학급 교육과정을 일관성 있게 해서, 교사들마다 창의적이면서 개성 있는 교육과정을 계획하는 시간이 되면 어떨까 하는 생각도 가져본다.

여섯 걸음

교육과정 안내에 따른
학기 초 교사들의 생각

선생님들의 교육관을 엿볼 수 있는 학기 초 상황을 토대로 한 다음 대화를 읽고 선생님은 어디에 해당하는지 생각을 해봅시다.

- 상황: 학기 초 교육과정 편성을 위한 학교 교육과정 소개
- 일시: 새 학년 준비 기간

학교장: 안녕하십니까? 본교 교장 ○○○입니다. 본교에 전입하신 선생님들 반갑습니다. 본교가 추구하는 교육 비전에 대해 설명하겠습니다. 본교는 미래 사회를 준비하는 학생들에게 미래역량을 기를 수 있도록 계획(편성)됐고 자세한 사항은 연구부장님으로부터 설명을 듣겠습니다.

연구부장: 지금부터 ○○초등학교 학교 교육과정에 대해 설명하겠습니다. 본교는 미래사회를 준비하는 학생들에게 미래역량을 기를 수 있도록 다음과 같이 계획이 됐습니다. 미래역량을 기르

기 위해 역량 중심의 교육과정을 편성했고 이를 기반으로 학년
에서는 학년 목표 설정으로 지향하여야 할 학년 교육과정을 편
성, 담임교사는 학년 교육과정을 실천하기 위해 학급 교육과
정을 편성하여 담임교사의 창의적이고 특색 있는 교육 실천을
목표로 두고 있습니다. (이하생략)

전입 교사1: (귓속말로) 부장님, ○○초는 교육과정을 이렇게 편성을 해
요?

학년부장: 네, 선생님! 저희는 학교―학년―학급 교육과정 연계 체제로
구성합니다.

전입 교사2: 저 연구부장님 질문이 있습니다. 제가 전입을 와서 ○○초등
학교 시스템을 잘 몰라서 그러는데 학교―학년―학급 교육과정
체계로 이루어져야하는 이유가 무엇인가요?

연구부장: 본교는 학년과 학급 교육과정을 별도로 편성하고 있습니다. 별
도로 편성하는 이유는 학교 교육과정이 추구하는 방향을 학년 군
또는 동학년에서 구체적으로 추구하는 방향성과 목표를 설정하
여 동학년 연계 담임교사의 개인 교육관을 존중하는 학급 교육과
정으로 연계하고 있습니다. 학년 교육과정에서는 학년 협의를 통
해 이루어지기 때문에 학급 교육과정에 비해 담임교사의 자율성
이 제한적이라는 교육과정 평가회의 의견이 있어 본교에서는 학
년 교육과정 체제에서 학급 교육과정 체제로 전환돼 운영된 것이
○년째입니다.

기존 교사1: 올해 학급 교육과정 편성에 주요 중점은 무엇인가요. 교무부

장님?

교무부장: 네, 올해 ○○학년도 교육활동의 주요 중점은 교사별 교육과정 편성, 배움 중심 교육, 교사별 과정중심평가, 인성교육, 회복적 생활교육입니다. 주요 중점 교육에 대한 구체적인 설명은 교육계획 ○쪽을 참고하시기 바랍니다.

기존 교사2: 교무부장님 중점 교육활동이 너무 많은 거 아닌가요?

교무부장: 많아 보이실 겁니다. 각각의 교육활동을 자세히 살펴보시면 학교에서 통제하는 시수는 거의 없으며, 학년과 학급에서 자율적으로 이루어져야 합니다. 선생님들의 교육과정 재구조화를 통해 특색 있는 나만의 학급 교육과정을 편성하시기 바랍니다.

교사들: 휴~ 올해도 학기 시작 전부터 바쁘게 생겼네.

전입 교사3: (기존교사3에게) 난 학급 교육과정을 편성해본 적이 한 번도 없는데 어떡하지?

기존 교사3: 저는 부장 선생님이 편성한 교육과정을 Ctrl+C, Ctrl+V 했어요.

전입 교사4: 저걸 왜 해야 하지? 이해가 안 되네…….

이 학교 잘못 선택했네…….

위의 대화 상황은 대한민국의 학교라면 학기 초에 겪게 되는 문제다. 대화를 살펴보면 교육과정 편성과 재구조화에 대한 부정적인 견해를 가진 교사들이 있다.

부정적인 견해를 가진 교사들은 대체적으로 교육과정 편성을 직접

적으로 하지 않고, 무임승차를 하거나 인근 학교 친한 교사들의 교육 과정을 빌려와 Ctrl+C, Ctrl+V 하는 경향을 엿볼 수 있다.

위 대화의 "왜 교육과정을 편성하지 않으려고 하는가?"에 대답은 간단하다. 바로 교육부에서 제공하는 교과용 지도서 때문이다. 우리 나라의 경우 모든 학교에 지도서를 각 교과별로 제공을 하고 교육과정 이 개정될 때마다 전국 각지의 훌륭한 선생님과 교육대학교 학과별 교수님들이 집필진으로 모여 지도서와 교과서를 구성한다.

이 모습은 세계 여러 나라에서 흔하게 찾아볼 수 없는 모습이며, 지도서에 성취기준별 차시, 차시별 교육 내용을 제시하고 있기 때문에 우리 교사들이 교육과정 재구조화와 편성에 있어 당위적인 목적의식 을 잃어가는 것이다. 참으로 안타깝다.

교육과정 재구조화를 해야 하나요?

교육과정 재구조화는 필요한가? 필요하지 않은가? 이런 질문을 한다면 교사들의 찬반 논쟁이 뜨거울 것이다. 그렇다면 교육과정 재구조화는 무엇인가를 알아보아야 한다.

교육과정 재구조화란 학년 군별로 제시된 성취기준을 학교 및 지역 상황, 학생실태 등을 고려하여 교사가 교육과정에 대한 전문성을 토대로 주어진 성취기준에 도달하기 위한 활동을 말한다. 교육과정 재구조화에 대한 정의를 논문 및 저서에서 살펴본다면 다음과 같다.

- 다양한 교육적 요구와 개별적인 능력 차에 따른 아동의 특성에 따라 교육과정 내용과 교수 방법을 바꾸는 것(권주석, 장대준. 2008)
- 교사가 국가 수준의 교육과정을 기반으로 학생의 학습을 효율적으로 가르치고, 지원하며, 상호작용하기 위해 상황과 맥락을 고려하여 교육과정을 구상, 계획, 변형, 적용, 운영한 결과를 아우르는 총체적인 실천(김진필 외. 2012)
- 국가 교육과정의 목표를 효과적으로 달성하기 위해 단위 학교의 교사가 교육과정 및 교과의 교육 내용과 교육활동을 교실 상황에 적절하게 변형하는 계획과 행위(박일수. 2013)
- 이미 만들어진 표준화된 교육과정을 교사가 변경, 수정하는 활동(길현주, 박가나. 2015)

위의 정의들을 종합해보면 교사는 학생들의 학습을 위해 교육과정의 내용과 방법을 교실 상황에 맞도록 적절하게 수정 또는 변형하는 것을 말하며, 이는 교사의 의도된 행위라고 종합할 수 있다.

그렇다면 교육과정을 재구조화 하는 이유는 무엇인가? 이는 앞에서 언급한 것과 같이 교과서와 교과용 지도서는 전국 공통된 획일화된 교육과정이므로 각 지역의 특성, 학생들의 실태를 반영하지 못한다는 단점이 있다. 이런 단점을 보완하기 위해서는 교육과정에 대한 재구조화가 필요하다. 성취기준을 근거로 제시된 교과서를 살펴보면서 선생님은 어떻게 교육과정을 재구조화할 것인가 생각해볼 필요성이 있다.

| 우리
학급
실태 | • 학교 위치: 6학급 미만 학교
• 소규모 학급으로 학생수 2~3명
• 학교 환경: 미니 운동장, 강당 없음 | [6체 03-06] 네트형 게임의 기본 기능을 탐색하고 게임 상황에 맞게 적용한다. | 2015
개정
성취
기준 |

[체육과 교육과정 5~6학년 신체활동 예시]

영역		신체활동 예시
경쟁	(가) 필드형 경쟁	·발야구형 게임, 주먹야구형 게임, 티볼형 게임 등
	(나) 네트형 경쟁	·배구형 게임, 배드민턴형 게임, 족구형 게임, 탁구형 게임, 테니스형 게임 등

이런 학급 실태라면 어떻게 교육과정을 재구조화 하여야 할까?

이런 특수한 경우는 드물어서 보통의 선생님들은 아무 걱정 없이 교과서대로 지도를 해도 되지만 특수한 상황을 마주했을 때는 반드시 교육과정을 재구조화가 필요하다.

이렇게 재구조화를 해야 하는 성취기준은 무수히 많다. 재구조화의 분석 방법은 PART 2에서 자세히 알아보도록 하겠다.

2장

교사가 교육과정을 보는 시선들

「출처: 교육장 경청올레 목포한빛초 홈페이지」

정부가 바뀌면 그에 맞는 정책들이 쏟아진다. 대통령도 민생시찰을 위해 시장이나 청와대 인근을 자주 찾아 식사도 하면서 시민들과 소통을 하는 장면이 TV로 가끔 소개될 때가 있다.

시도교육청에서도 탁상행정에 대한 학교 현장의 비판이 높아지자 학교로 찾아가는 토크 콘서트를 많이 하고 있다. 이는 교육 현장인 학교의 목소리를 듣고자 하는 것이다.

학교는 교사, 학생, 학부모의 목소리가 아름다운 화음을 내기 위해서는 많은 노력이 필요하다.

우리 학교 현장을 살펴보자. 회의나 협의를 하면 교사들의 목소리가 하나로 표현되는 경우는 매우 드물다. 때로는 부드럽게, 때로는 격하게, 때로는 무음으로 다양한 방식으로 표현한다. 이는 교육에 관한 생각, 교육관, 가치관이 다르기 때문이다. 목소리가 다르다고 해서 그 교사가 잘못 생각하고 있는 것은 아니다.

우리 교직 사회는 일반 회사처럼 직급 체계가 복잡하지 않아 수직 사회이지만 수평 사회로 볼 수 있다. 누구나 목소리를 낼 수 있다는 것이다.

교육에 대한 가치관을 놓고 이야기를 하려면 밤을 새워도 부족할 것이다. 지금부터 학교 구성원들이 교육과정에 대해 가지는 생각들을 펼쳐놓고 엿보면서 내가 가지고 있는 교육관은 무엇인지 고민해보자.

한 걸음

교과서 위주의 교사 vs
교육과정 재구조화 교사

김 교사: 수학 진도 어디쯤 하고 있어요?

박 교사: 오늘 2단원 마지막 평가 남았습니다.

최 교사: 왜 이리 늦어요?

박 교사: 아이들이 이해를 못해서 놀이 수학을 겸해서 하다 보니 그런가 봐요.

김 교사: 놀이 수학을 왜 해요? 시간 아깝게. 교과 진도 나가기도 바쁜데?

박 교사: 놀이 수학 교구를 활용해서 가르치니 진도는 조금 늦어도 아이들의 이해
　　　　도가 높아져 미도달이 없어졌어요.

최 교사: 정말요? 저도 가르쳐주세요.

김 교사: 우리 반은 안 해도 잘하던데…… 교과서가 최고야 최고.

학급, 직책, 교육관에 따라 교사를 두 분류로 나눌 수 있다.

학급에 따라 담임교사와 비 담임교사.

직책에 따라 일반 교사와 부장 교사.

교육관에 따라 교과서 교사와 교육과정 재구조화 교사.

교사를 분류하는 것은 어쩌면 무모한 행동이지만 여기서 우리가 생각해볼 문제가 있다.

Question

교과서를 재구조화 하지 않는 교사가 있을까?

Answer, Yes or No

우리는 학교에서 교과서 위주로 교육을 하는 교사와 교육과정을 재구조화 하여 수업을 전개하는 교사로 나눌 수 있다.

교사 중에서 재구조화를 제일 잘하는 교사는 특수 교사이다. 특수 교사가 맡는 반 학생들의 수준은 천차만별이다. 이로 인해 매일 수준을 고려한 수업을 준비해야 하고 그에 맞는 학습지를 만든다. 곁에서 지켜보고 있으면, 정말 대단하다는 생각이 든다.

우리 일반 교사도 마찬가지다. 학급에 학생들의 수준과 이해도가 다르기에 교과서에 제시된 내용을 우리 학급에 맞게 재구조화를 한다. 우리 일반교사들도 대단하다.

교사들의 모습을 들여다보면, 교육과정을 보는 관점에 따라 2가지 유형으로 구분되는 것이 보인다.

1. 교과서 위주의 교사 관점

우리나라 교과서는 세계 최고의 수준이다. 전국에 있는 13개의 교육대학교(한국교원대학교, 이화여대, 제주대 초등교육과 포함)의 교수진과 각 교과별 전국의 권위 있는 교사들로 구성돼 개정 교육과정마다 교과서와 교과용 지도서가 편찬된다.

이렇게 유명한 집필진이 쓴 교과서가 현장에서 맹신되는 것은 어쩌면 당연한 결과이다. 개정 교육과정이 바뀌면서 교과서와 교과용 지도서의 질은 더욱더 업그레이드가 되고 있다. 업그레이드를 할 수 있었던 이유는 현장 교사들의 비판적인 목소리를 받아들여 새롭게 변화시키고 있기 때문이다.

교과서는 여러 가지 지식과 정보를 수록했으며 교사는 수업에 맞는 재료를 선택하면 되는 일종의 참고자료다. 이 선택의 과정을 거치지 않고 주어진 대로만 수업을 전개한다면 어떤 현상이 일어날까?

교과서 위주의 수업을 진행하는 교사의 관점

- 교과서의 성취기준 분석이 잘 돼 있어 재구조화할 필요가 없다.
- 성취기준에 따른 학년별 학습 내용 분석과 과정중심평가가 우리 반 실태에 적합하다.
- 교과별로 재구조화 시간이 부족하다.
- 교재연구를 해도 교과서에 제시된 내용이 적합하다.
- 재구조화를 해야 하는 이유를 모르겠다.

2. 교육과정 재구조화 교사 관점

교육과정 전체를 재구조화 하는 교사가 있을까? 많지는 않을 것이다. 그렇지만 그렇게 하는 교사들도 있다. 내 주변에 교과서 없는 수업을 하는 교사가 있다. 주차별 프로젝트 수업으로 전개를 하여 신선한 충격을 주곤 했다.

교육과정 재구조화를 하는 교사들은 어떤 교사일까? 우리 주위에 대다수 교사들이 재구조화를 하면서 교재 연구를 한다. 물론 여기서 기초가 되는 것은 교과서와 교과용 지도서지만 이를 재구조화 하는 것은 수정할 필요성이 생기게 되기 때문이다.

왜일까? 전국의 유명한 집필진들이 만든 교과서를 왜 재구조화해야 할까? 정답은 내가 가르치고 있는 학생의 실태와 맞지 않기 때문일 것이다.

교사들의 협의회에서, 주변 선생님들에게 '왜 재구조화 하세요?'라고 물었더니, 이런 대답들이 돌아왔다.

"교과서의 내용대로 가르치니까 재미없다."

"교육과정에 대한 지식이 있어야 교수 방법을 선택한다."

"성취기준을 알아야 제대로 된 수업을 재구조화할 수 있다."

"교사의 전문성이 필요하기 때문이다."

어느 학교에의 협의에서도 답변은 같을 것이다. 일반화의 오류가 될 수도 있지만, 교육과정을 가르치는 교사의 입장에서는 이해가 되는 답변이다.

교육과정 재구조화를 진행하는 교사의 관점

- 교과서의 수록 내용이 보편적이다.
- 우리 학교의 실태와 맞지 않는다.
- 학생들의 선행학습으로 인해 수준을 높여야 한다.
- 교과 진도 계획을 변경할 필요가 있다.
- 교육과정에서 요구하는 사항들을 반영하기 위해서다.
- 교육에 대한 요구사항이 많아지기 때문이다.

교사는 국가로부터 부여받은 교사자격증과 교사 경쟁 시험에 합격하여 선발된 선택된 사람들이다. 교육하는 가치관은 서로가 다르지만, 학생을 가르치는 것은 같다.

교육과정이 변화하고 교사들에게 요구하는 수준이 갈수록 높아지고 변해간다. 그 중심에서 우리는 어느 위치에 서야 할지 고민해 볼 필요성이 있다.

두 걸음

Ctrl+C, Ctrl+V vs
에듀넷 티클리어, NCIC

① 학생   ② 학부모

③ 카드 판매원   ④ 교무 및 연구부장

학기 초가 되면 교사들을 찾는 사람이 많다. 교실에서는 학생들이 선생님 옆에서 고자질하기 바쁘고, 휴대전화로는 학부모의 문자나 메

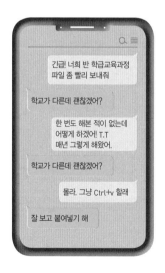

긴급! 너희 반 학급교육과정 파일 좀 빨리 보내줘

학교가 다른데 괜찮겠어?

한 번도 해본 적이 없는데 어떻게 하겠어! T.T 매년 그렇게 해왔어.

학교가 다른데 괜찮겠어?

몰라. 그냥 Ctrl+v 할래

잘 보고 붙여넣기 해

신저 메시지가 오고, 상담 전화가 울린다. 교실 전화로는 교무부장과 연구부장의 독촉이 이어진다.

이런 바쁜 시기에 방과 후에는 카드 판매원들이 교실을 찾아온다. 정말 바람직하지 않은 풍경이다.

자, 다시 학기 초 교실의 풍경을 좀 더 자세히 살펴보자. 교사 책상에는 가정통신문과 가정실태조사서, 자기소개서 등의 학생

신상과 관련된 수북한 종이들이 쌓여 있고, 한편으로는 교과서와 지도서가 널려 있다.

이런 정신없는 3월에 교사들이 해야 하는 과업 중 제일 중요한 것이 교육과정 편성이다. 학교마다 교육과정을 편성하는 방법, 편성에 들어가는 목차 등은 다르지만 교육과정 편성을 해야 하는 행위 요소 그 자체는 동일하다. 다만 학년 교육과정 체제냐 학급교육과정 체제냐가 다를 뿐이다. 여기서 주목할 점은 학년이든 학급이든 교육과정을 어떻게 편성하느냐다.

1. Ctrl+C, Ctrl+V 교사 관점

교무부장과 연구부장을 오랫동안 하다 보니 교사들이 제출하는 교육과정을 보면 어떻게 편성했는지 짐작할 수가 있다. 교육과정 편성을 하기 위해서 편성에 대한 지침을 담당 부장교사가 연수를 하고 나면 교사들은 저마다의 개성을 살려 교육과정을 편성한다.

교사들은 여러 가지 형태로 교육과정을 편성한다.

- 부장교사가 편성한 교육과정을 그대로 옮기는 교사
- 옆반 교육과정을 복사하여 붙여 넣고 학급 실태만 바꾸는 교사
- 인근 학교에서 얻어서 제출하는 교사

– 인디스쿨에서 내려 받아 제출하는 교사

– 작년 교육과정을 내려 받아 제출하는 교사

위의 교사들의 공통점은 교육과정을 중요시하지 않고, 관심이 없다는 점이다. 제출 시기에 급급한 나머지 우리 반의 실태에 맞지 않는 교육과정을 편성하는 것이다.

피드백을 주고 다시 수정본을 받아도 바뀌지 않거나, 어쩔 수 없이 한두 군데만 고쳐서 내는 교사들의 모습을 보면서 속이 상했던 적이 한두 번이 아니다.

Ctrl+C, Ctrl+V를 하는 교사들이 왜 이렇게 하는지 고민을 해 본 적이 있었다. '왜 그럴까? 왜 고민을 하지 않을까?'라는 의문을 가져보고 이야기를 해보니 답은 단순했다. 교육과정 재구조화에 대한 필요성을 느끼지 못하기 때문이었다. 교과서가 잘 돼 있고, 그대로 가르쳐도 문제점이 없는데 굳이 바꿀 필요성이 없다는 것이다.

Ctrl+C, Ctrl+V 교사의 관점

- 교과서 위주의 교육관을 가짐
- 교육과정에 대한 부정적인 시선을 가짐
- 교육과정 재구조화 연수에 관한 관심 부족
- 교육과정 재구조화가 왜 필요한지에 대한 필요성 부족
- 교과서에서 제시한 단원별로 수업 전개

---

2. 에듀넷 티클리어, NCIC 교사 관점

교무부장을 하다 보면 보결 수업을 들어갈 일이 자주 생긴다. 교사들의 수업 부담을 줄여주기 위해 보결이 생길 때마다 수업을 들어가는 이유도 있지만, 교과 전담을 오래 하면서 학급에 대한 감각이 뒤떨어지는 것 같아 일부러 들어가는 경우도 있다.

보결 수업을 들어가면 재미있는 점이 있다. 교사의 책상과 컴퓨터를 보면 수업과 학급관리를 어떻게 하는지 알 수가 있다. 교사 책상이 정리 정돈이 잘 돼 있으면 교실의 정리 정돈이 깔끔하다. 교재연구를 위한 수업 준비상태는 교과서와 참고자료가 무엇이 있는지를 보면 알 수 있다. 재미있는 것은 학기 초에 편성한 교육과정이 지저분한 교사와 깨끗한 교사가 있다는 것이다. 어느 쪽이 교재연구를 열심히 한 교사일까? 정답은 알 것이다.

교재연구를 열심히 한 교사는 컴퓨터의 즐겨찾기를 보면 쉽게 알 수 있다. 선생님들의 즐겨찾기에는 무엇이 있을까?

학생평가지원포털   NCIC   에듀넷·티·클리어   EBS 초등사이트   e학습터

에듀넷 티클리어와 NCIC(국가교육과정정보센터), 학생평가지원포털 등 교육과정과 관련된 사이트가 있다는 것은 교육과정에 관심이 있고 재구조화 하려고 노력하는 교사들의 특징이다. 이런 교사들의 교육과정 편성을 살펴보면 여러 가지 면을 볼 수 있다.

- 학급의 실태에 맞게 교육과정을 창의적으로 편성

- 단원의 구성 및 지도 순서가 시기에 맞게 편성

- 프로젝트 학습 또는 주제 중심 학습을 구성

- 활동적이고 학생참여 중심의 수업으로 구성

- 담임교사의 특징이 표현되도록 수업을 구성

- 교육과정—수업—평가의 일관성에 관심이 높음

- 교육과정과 관련된 연수를 선호

교육과정에 관심을 가지는 교사들은 탐구하고자 하는 목적성이 강하게 내재돼 있다. 이런 성향의 교사들은 교육과정에 대한 자신의 철학을 가지고 있으며, 변화에 대한 민감성이 높아 받아들이려는 특징을 가지고 있다.

간혹 교육과정에 대한 분석이 잘못돼 교육과정 내용이 잘못 적용되는 경우가 가끔 보이지만, 이는 교사가 체계적인 연수를 받는다면 점차 사라지게 되는 사소한 실수다.

에듀넷 티클리어, NCIC 교사의 관점

- 교과서 전체에 대한 흐름을 파악
- 교육과정에 대한 긍정적인 시선을 가짐
- 교육과정 재구조화 연수에 관한 관심 높음
- 교육과정 재구조화가 왜 필요한지에 대한 인식이 높음
- 교과서 단원 구성을 시기에 따라 조정

무엇이 옳고 그른가에 대한 판단은 외부 교사가 하는 것이 아니라 교사 스스로가 해야 한다. 우리는 정보의 홍수 속에 살고 있다. 교과용 지도서, 인디스쿨 등 조금만 찾아보면 좋은 자료를 쉽게 얻을 수 있다.

조금만 시간을 내서 클릭을 하면 많은 자료를 얻지만 그대로 사용하는 것은 교사의 양심에 어긋난 것이다. 우리 학급 실태에 맞도록 수정하고 재구조화해야 한다.

교사의 교육관을 쉽게 바꿀 수는 없다. 이는 교사들이 학교생활을 하면서 학교마다의 다른 교육과정을 경험하였기 때문이다. 교육과정을 만들어가는 과정은 학교마다 서로 다르다. 이로 인해 가끔 교육과정에 대해 교사들간의 충돌이 일어날 때가 있다. 교육관이 다른 교사들이 모인 학교에서 하나의 목소리를 내기는 어렵지만 동학년 또는 학년군의 교사들이 함께 만들어가는 교육과정 문화를 정착한다면 불협화음은 다소 사리질 것이다.

이를 확신할 수 있는 것은 대규모 학교, 중규모 학교, 소규모 학교에서 근무한 경험을 바탕으로 할 때 정답은 함께하는 교육과정 문화였기 때문이다.

세 걸음

신규 및 저경력 교사 vs 경력 교사

학교에는 다양한 직무를 수행하고 직책을 맡은 교사들이 있다. 교장, 교감, 부장 교사, 담임교사, 특수 교사, 영양 교사, 보건 교사, 유치원 교사, 사서 교사, 상담교사, 교과 전담 교사 등 교사의 종류도 참 많다. 이렇게 다양한 업무를 하고 있는 교사들이 한 공간에서 함께 생활한다.

이 다양한 교사들 사이에 추가할 수 있는 구성원들이 있다. 바로 신규 교사다. 교사들은 누구나 신규 교사 시절이 있다. 신규 교사 시절을 어떻게 보내느냐에 따라 학교생활이 달라진다.

Question

선생님의 신규 교사 시절은 어땠나요?

힘들었다　즐거웠다　가르침이 많았다　배움이 없었다

1. 신규 및 저경력 교사들이 생각하는 교육과정 관점

신규 교사 시절 교육과정이 무엇인지도 몰랐었다. 학교에서는 교육과정을 제출하라는 기한을 알려주는데 신규 교사인 나는 아무것도 할 수가 없었다. 학교생활이 처음인데도, 옆 반 선생님에게 물어보기가 민망하고 어려웠다. 신규 교사는 실수를 할 수 있고, 완벽하지 않아도 괜찮다는 말을 들었지만. 소심한 성격인 탓에 속앓이를 했다.

신규 교사 시절 교육과정을 제출하라고 하면 학년 부장 교사가 줄 때까지 멍하니 기다렸다. 아무것도 몰랐기 때문이다.

교육과정의 방법적인 측면이 약한 신규 교사가 일을 능숙하기 위해서는 경력 교사들의 노하우를 습득해야 한다.

신규 및 저경력 교사들은 교육과정을 처음 접할 때, 보통 이런 생각을 하게 된다.

'교육과정이 뭐지?'

'교대 시절 가르쳐준 것이 없는데'

'어떻게 하라는 거지? 왜 연수를 안해주지?'

'지금 내가 하고 있는 방법이 맞나?'

신규 및 저경력 교사는 교육과정 편성이 어려울 수밖에 없다. 학교에서 제공하는 교육과정 양식에 들어가는 요소에 맞게 작성됐는지 스스로 판단할 수 없기 때문이다. 즉 그들은 경험이 부족하기에 어느 것이 맞고 틀렸는지에 대한 분석 방법을 잘 모른다.

실태분석은 왜 하는지, 교육 중점은 어떻게 도출하는지, 학교와 학년 교육과정을 바탕으로 우리 학급 교육과정을 어떻게 연계시키는지에 대한 방법을 알고 있는 신규 교사는 없을 것이다.

신규 및 저경력 교사들은 학교생활이 처음이기 때문에 모든 것이 낯설다. 이런 교사들을 지도해야 하는 것은 바로 교무나 연구부장이 아닌 경력 교사이다.

신규 및 저경력 교사는 어린아이와 같다. 어린아이에게 세상은 모든 것이 새로운 것처럼 신규 교사도 마찬가지이다. 학교생활, 생활지도, 교과지도, 교육과정 편성 방법 등을 차근차근 하나 하나씩 세세하게 가르쳐줘야 한다. 이것이 바로 교육과정을 먼저 접한 우리 경력 교사들의 몫이다.

경력 교사들은 학교생활에 익숙해져 있다. 매일 같은 패턴을 반복하면서 쌓인 내공을 옆에서 지켜보는 신규 교사들은 감탄할 때가 많다. 경력 교사들도 신규 교사의 시절을 보냈다. 그 시절을 어떻게 보냈는지 물어볼 필요성이 있다.

하지만 경력 교사들은 신규 및 저경력 교사들에게 다가가기를 꺼린다. 그 이유는 신규 및 저경력 교사를 경력 교사와 같은 교사로 동일시하기 때문이고, 같은 교사로서 가르침을 주는 것을 주저하는 마음도 한편으로 있기 때문이다.

저마다의 교육관이 있는데 지도를 한다는 것은 신규 교사의 사생활을 침해한다고 생각할 수 있다. 그래서 경력 교사가 먼저 다가가기를 주저하는 것이다.

신규 및 저경력 교사들도 경력 교사와 같은 일반 교사이다. 먼저 경력 교사에게 다가가서 묻고 배워야 할 것이다. 그래야 남는 것이 있다.

멘토를 지정하라. 학교에서 마음 편하게 물어보고 교육과정에 대해 기르쳐줄 멘토가 필요하다.

신규 및 저경력 교사의 특징

- 교육과정에 대한 지식적인 측면만 있음
- 교대 시절 교육과정 편성에 대해 배움이 없음
- 경력 교사에게 쉽게 다가가지 못함
- 무엇이 맞고 틀린지를 모르기 때문에 직진하는 경향이 있음
- 교실 속 공간에 갇혀 지내려고 함.

---

2. 경력 교사들이 생각하는 교육과정 관점

'경력 교사'는 보통 몇 년 차부터 일까?

교사마다 견해의 차이는 있겠지만 우리는 보통 1정 교사자격증을 받는 교사부터 경력 교사라 칭한다. 시도교육청마다 1정 연수의 시기가 다르지만 보통 교육경력 3년 이상이면 자격대상이 되기 때문이다.

경력 교사들은 교육과정 편성에 있어 각자의 노하우가 있다. 저마다 가지고 있는 교육관을 통해 교육과정을 편성하고 운영한다.

이는 교재연구, 교육과정 문해력, 성취기준에 대한 자신만의 문해

력이 경험을 통해 내재돼 있기에 교육과정 편성이 가능하다.

경력 교사는 교육과정을 이렇게 생각한다.
- 교육과정은 매년 해야 하는 주요 업무 중 하나
- 교육과정 재구조화 vs Ctrl+C에 대한 자신의 신념
- 교육과정의 필요성 vs 불필요성에 대한 자신만의 확고한 신념
- 나만의 교육과정 vs 함께하는 교육과정

경력 교사는 학교생활에 익숙해져 스스로가 생각하고 가져왔던 교육관이 업그레이드가 되는 교사가 있고 교육과정을 저 멀리하면서 후진하는 교사가 있다.

경력 교사라고 해서 모두가 교육과정의 달인은 아니다. 교육과정에 관한 연구와 경험이 밑받침되지 않은 경력 교사는 초임 교사와 다를 바 없는 교육과정을 편성한다.

경력 교사도 끊임없는 연구를 한다. 심지어 전문적 학습공동체, 기타 연구단체에 가입하여 자기 시간을 희생하면서 노력하고 연구한다.

경력 교사의 특징

• 학교생활에 대해 너무 잘 알고 있어 흐름을 앎
• 왜 해야 하는 필요성을 설명하지 않으면 스스로 하지 않으려는 경향이 있음
• 주어지는 것과 만들어가는 것에 대한 신념이 강함
• 새로운 것에 대한 민감성이 높으냐 낮으냐에 따라 교육과정 편성에 교육관이 펼쳐짐

신규 및 저경력 교사와 경력 교사의 차이는 경력과 교육활동에 대한 노하우다. 경력 교사가 모든 것을 잘한다는 것은 아니지만 경력 교사를 무시하면 안 되는 이유가 여기에 있다.

　　교육과정 편성에는 왕도는 없으나 방향성은 있다. 이를 잘 아는 교사들이 바로 경력 교사들이다. 경력 교사들에게 묻고 고민을 열어놓는 신규 및 저경력 교사들은 매년 자신의 달라진 모습을 발견하게 될 것이다.

네 걸음

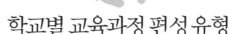

학교별 교육과정 편성 유형

교육학에서 '교육과정'을 다룰 때, 서양 교육에서 선행됐던 교육 사조에 대해 이야기하며 어원부터 다루지만 현장 교사들이 말하는 교육과정은 사뭇 다르다.

학교 현장에서 이루어지고 있는 교육과정은 국가 수준 교육과정, 시도수준의 교육과정, 단위 학교의 교육과정이 있으며, 단위 학교에서는 학교 교육과정, 학년 교육과정, 학급 교육과정, 교과 전담 교육과정, 보건 교육과정, 영양 교육과정으로 분류된다.

학교에서 교육과정 업무를 맡다 보니 학교별로 교육과정 편성 방법이 다르다는 것을 알 수 있었다. 학교마다 다르지만, 학교별 교육과정 편성 유형은 다섯 가지 형태로 분류된다.

- **1단계 유형**: 학교 교육과정 – 학년 교육과 정 – 학급교육과정 → 연계성 교육과정 강조하는 학교
- **2단계 유형**: 학교 교육과정 – 학년(급) 교육과정 → 일반적인 학교
- **3단계 유형**: 학교 교육과정 – 학급교육 과정 → 소규모 학교(12학급 미만)
- **4단계 유형**: 학교 교육과정에 학급 교육 과정이 포함된 경우 → 혁신학교
- **5단계 유형**: 학교 교육과정 최소화 교사 수준 교육과정 편성 → 앞으로의 교육과정 변화 예상

1단계 유형은 학교 교육과정을 기본으로 학교 교육과정에서 추구하고자 하는 방향성을 학년군 또는 동학년 협의회를 거쳐 교과 교육과정, 창의적 체험활동, 학년 특색교육 등을 편성하고, 이렇게 편성된 학년 교육과정의 기본 방향을 학급 교육과정에 반영하여 교사의 교육철학과 교육관이 드러나도록 편성하는 시스템이다.

1단계 유형은 교육과정의 시스템을 강조하고 단계별 연계 교육과정을 추구하는 학교에서 많이 이루어지고 있으며, 교육과정에 대한 체계적인 이해와 적용이 필요하다. 이런 학교에서는 자율성과 타율성이 존재하지만 최근 학교에서는 학급 교육과정에서 추구할 수 있는 자율성을 많이 부여하고 있다.

2단계 유형은 대규모 및 보통의 단위 학교에서 많이 추구하는 교육과정 유형이다. 이 유형은 학교 교육과정을 기반으로 동학년 협의회를 통해 교과 교육과정, 창의적 체험활동, 학년 특색교육 등을 편성하

고 학급별 특색교육을 첨가하여 운영된 형태로 동학년에서 공통으로 이루어지는 교육과정 시스템이다. 2단계 유형은 동학년 단위로 교육과정이 계획되기 때문에 동학년에서 협의회를 거쳐 교과 및 창의적 체험활동의 교육활동이 학년에서 비슷하게 이루어지며, 교사의 개인 성향보다는 동학년 선생님들의 의견을 따르는 안정적인 시스템이다.

3단계 유형은 주로 소규모 학교에서 이루어지는 유형으로 동학년 1~2개의 학급이며, 동학년 교육과정 즉, 학급 교육과정이 되는 교육과정의 형태이다. 이 유형은 동학년 협의회가 어려워 전체 협의회 또는 학년군 협의회를 통해 교육과정이 편성되고 운영된다.

또한 학교 규모가 작아 학교 교육과정을 중심으로 학년 및 학급 교육과정이 함께 움직인다. 이런 이유로 학교 교육활동이 많을 수도 있고 적을 수도 있다. 이는 교육과정 편성에 있어 학교 여건을 고려하여 편성하기 때문에 교사들이 체감하는 근무 여건은 학교 여건에 따라 바쁠 수도 있고 안 바쁠 수도 있는 극과 극의 모습을 보여준다.

4단계 유형은 전국의 혁신학교에서 보여주는 교육과정의 유형으로 '학교 교육과정=학급 교육과정'으로 편성되며, 이런 교육과정을 편성하기 위해서는 교원들의 협의와 사전 교육과정 분석이 체계적으로 필요하며 학교장의 학교 교육관과 교사들의 학급 교육관이 서로 조화를 이루어야 한다.

이런 혁신적인 교육과정은 아직 우리에게 익숙하지 않은 교육과정이며, 혁신학교들이 추구하고 있는 비전을 교육공동체(학교, 학부모, 학생, 지역사회, 마을공동체 등)가 함께 만들어 가야지만 불협화음이 일어나지 않는다. 이런 불협화음을 없애기 위해 많은 교육공동체 협의회, 교육과정 토론회 등을 운영하여 다양한 측면의 소리를 경청하고 소통하여 교육과정이 편성된다.

5단계 유형은 앞으로 우리 교육이 추구하는 방향성이며, 이를 추구하기 위해서는 사전에 교육과정 안목과 시견이 사전에 필요하다. 학교는 학교 교육에 대한 기본 방향성(수업일수, 학년군별 시수)만 제시하고 교과 중점부터 평가까지 모든 교육과정을 교사 1인 스스로가 편성하는 교사별 교육과정 시스템이다.

교육부는 최근 5년 전부터 교사들에게 교육과정 문해력 연수, 교육과정 - 수업 - 평가의 일관성, 과정중심평가 연수를 지속해서 운영하고 있으며, 이를 통해 학년군, 학년별 교육과정 시스템이 아닌 교사 개인이 편성하고 운영하는 교사별 교육과정을 추구하고 있음을 엿볼 수 있다.

아직은 단기간에 이러한 시스템이 정착되기에는 무리가 있지만 앞으로 우리 교육이 지향해야 할 시스템은 다섯 가지 유형이 아닐까? 하고 생각한다.

PART 2

교육과정에
안경을 씌우기

1장
교육과정 이해하기

Question

선생님이 관심을 두는 영역은 무엇인가?

① 여행   ② 미래 투자

③ 승진   ④ 교육과정

코로나19로 인해 방학 때 공무 외 국외연수를 가시지 못하신 분들은 여행에, 노후를 대비하기 위해 준비하는 분들은 투자에, 관리자 및 전문직에 대한 자아 욕구 실현에 힘쓰시는 분들은 승진에 관심을 둘 것이다. 그렇다면 교육과정에 관심을 두는 교사는 몇 퍼센트나 될까?

포털검색사이트에서 교육과정을 검색해보면 이렇게 나온다.

교육과정평가원

교육과정 정보센터

교육과정평가원 성취기준

2015 개정 교육과정

교육과정 재구성

교육과정 문해력

교육과정 성취기준

교육과정-수업-평가-기록 일체화

교육과정

교육과정 평가원
교육과정 정보센터
교육과정
교육과정평가원 성취기준
교육과정평가원 기출문제
2015 개정 교육과정
국비지원 교육과정종류
교육과정 재구성
교육과정 문해력
교육과정 성취기준
교육과정 평가연구
교육과정-수업-평가-기록 일체화
교육과정 편제
놀이중심 교육과정
고등수학 교육과정

「출처: DAUM 검색」

　　교사들이 최근 관심이 있고 제일 많이 검색하는 단어들이 스크롤로 제시가 된다. 제시어가 많다는 것은 교육과정에 대한 영역도 넓다는 것이 된다.

많은 단어 중 선생님이 관심이 있는 것은 무엇인가요?

　　학교 현장에서 학생들을 가르치는 선생님이라면 교육학을 공부하고, 국가고시인 임용후보자 경쟁시험을 거쳐 당당히 합격증을 받아 교단에 섰지만 학창 시절과 시험을 준비한 시절을 제외하고는 교육과정을 제대로 생각해 본 적이 없을 것이다.

　　임용시험을 준비할 때 교육학을 달달달 외울 정도로 열심히 외웠지만, 시험을 치고 나오는 순간 우리의 뇌 속에 있는 모든 지식은 사라지고 만다. 열심히 공부했던 지식이 학교 현장에서 살아 숨을 쉬지 않고 적용력이 크게 없기 때문이다.

교육과정이란 영역은 범위가 상당히 넓다. 교육학에서 공부하는 교육과정은 우리나라 교육의 변천사부터 아주 상세하게 설명돼 있고, 놀라울 정도로 외국 교육과정의 사조가 우리 교육에 뿌리 박혀 있다는 것을 알게 된다. 우리나라의 교육 뿌리가 서양보다 더 깊은데 말이다. 참 아이러니하다.

『출처: NCIC 국가교육과정정보센터』

우리나라의 교육과정은 해방 전부터 시작된다. 해방 전이라고 하면 단순하게 19세기를 떠올리겠지만 '국가교육과정정보센터'에 제시된 자료에 따르면 조선시대부터 19세기 후반에 이르기까지의 근대교육을 말하고 있다.

우리는 국가 공무원이면서 가르치는 직업을 가지고 있다. 가르친다는 것은 뜻깊고 사명감 있는 것이다. 가르치기 위해서는 방향성을 탐구해야 한다. 방향성을 잃으면 그 순간 무엇을 가르치고 있는지 무엇을 탐구해야 하는지를 모르게 된다.

교실에서의 수업은 방향성이 제시돼 있다. 어디에 제시가 돼 있을까?

정답은 바로 교육과정이다.

우리는 장래 희망에서 순위 3위 안에 드는 직업을 가진 교사다. 초등학생의 희망 직업이 교사라니 우리 '교사'들이 아이들의 본보기가 되고 있다. 우리는 교육과정 전문가인 교사들이다. '지피지기면 백전백승'이듯이 교육과정을 알면 모든 교육활동이 보인다. 교사들이여 교육과정을 연구하자!

초등학생 희망 직업 변화

	2007년	2017년	2018년
1	교사	교사	운동선수
2	의사	운동선수	교사
3	연예인	의사	의사
4	운동선수	요리사(셰프)	조리사(요리사)
5	교수	경찰	인터넷방송진행자(유튜버)

「출처: 교육부」

한 걸음

교육과정이 뭔가요?

해마다 우리 학교는 신규 교사들이 발령을 받는다. 젊고 세련된 교사들이 학교를 발령받으면 학교 분위기가 젊어지는 것 같다. 나도 저럴 때가 있었는데 벌써 13년차, 세월이 참 빠르다.

나는 휴대전화를 바꾸게 되면 아이폰을 사지 않고 안드로이드 휴대폰만 산다. 왜일까? 시스템 체계가 달라 아이폰으로 바꾸는 것이 두렵다. 이는 너무 익숙해져 버린 탓일 것이다. 새로운 시스템에 도전해보고 싶어 6년 전에 애플 노트북을 구매했다. 지금은 어떻게 사용하고 있을까? 한글 워드용으로 사용하고 있다.

그래서 지금은 신규 교사들에게 묻고 배운다. 그래야 현대사회의 문명에 뒤떨어지지 않는다는 것을 40대가 되고서야 느꼈다. 현대사회는 아주 빠르게 변화하고 있지만, 우리가 가르치는 교육과정은 그렇게 빠르지 않다. 교육과정의 체제가 수시 교육과정 체제로 전환되면서 교육과정은 수정되고 보완되고 있다.

신규 교사들은 교육 경력이 적어 교육과정에 대한 이해력이 낮다.

그래서 난 신규 교사들에게 이렇게 묻곤 한다.

선생님이 생각하는 교육과정은 무엇인가요?
교육과정을 어떻게 계획하고 편성하나요?

어느덧 교육경력 13년이 돼 버린 필자는 교육과정 편성에 대한 노하우를 알려주려고 노력하지만 이를 받아들이는 후배 교사들은 시선은 곱지가 않다. 이런 필자의 행동을 일명 '꼰대'로 여기기도 하기 때문이다. 이런 이유로 지금 한 땀 한 땀 책을 쓰고 있는지도 모르겠다.

두 걸음

교육과정의 근거

교육과정은 교직 생활을 하는 교사라면 수천수만 번 이상을 들어온 단어다. 교육과정이라는 단어는 관점이나 맥락에 따라 다양하게 해석되고 이해될 수 있다. 이 교육과정을 2015 개정 교육과정 총론 해설에서는 다음과 같이 해석하고 있다.

> • 교육을 지식의 전달로 보면 교육과정은 지식 또는 그 한 단위로서 교과들의 체계로 파악
> • 교육을 인격의 함양 또는 바람직한 능력·특성들의 형성으로 보면 교육과정도 그러한 인격 또는 능력·특성 형성에 적합한 학생들의 경험을 지칭

이런 해석은 교육과정을 교과 또는 경험들의 계획에 초점을 두느냐 계획의 시행을 통해 기대되는 학습 결과에 초점을 두느냐에 따라 구분되기도 한다.

교육은 의도적이고 계획적인 행위다. 이런 의도적이고 계획적인 행위를 달성하고자 노력하는 학교는 교육 목적, 교육 목표 등 광범위

한 범위를 문서로 담아놓고 있다.

학교에서는 계획(편성)하고 실천(운영)하는 교육과정은 학교의 교육 목적, 교육 목표, 교육 중점, 교육활동 등을 달성하기 위해 교육 내용 또는 학습 경험을 선정, 조직, 실천, 평가하는 모든 교육활동이라고 일컫는다. 이를 다시 요약하면 우리가 귀에 못이 박히도록 들었던 교육과정은 교육 목표와 경험 혹은 내용, 방법, 평가를 체계적으로 조직한 교육계획이라고 정의한다.

초·중등교육법 제23조 제1항을 살펴보면 '학교는 교육과정을 운영하여야 한다'라고 명시돼 있다. 관련 법령을 통해 국가에서는 초·중등학교 교육과정을 고시(공포)하여 시행하며, 이렇게 고시된 교육과정은 1차 교과과정(1차는 교육과정이 아닌 교과과정이다)부터 7차 교육과정을 거쳐, 2007 개정 교육과정, 2009 개정 교육과정, 지금 학교 현장에 적용된 2015 개정 교육과정으로 명칭이 변경됐다. 이러한 법적 근거에 의해 모든 학교는 학교 교육과정을 매년 계획하고 실천한다.

세 걸음

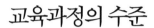

교육과정의 수준

코로나바이러스로 인해 요즘 방송의 핫 아이콘은 요리 프로그램이다. 밖으로 나가는 것이 두렵고 집에 있는 시간이 많다 보니 가정에서 요리하는 시간이 많아지는 것 같다. 요리에 관심이 없던 사람들도 관심을 끌게 하는 것은 TV 프로그램의 매력인 것 같다.

특히 백종원 씨가 출연하는 프로그램 중 '백파더'를 보면 요리 초보자들도 요리 고수로 높여줄 만큼 호응이 좋다.

백종원의 골목식당에 나온 식당 중 대표적인 식당이 있다. 바로 연돈 돈까스이다. 돈까스를 먹기 위해 저녁 10시부터 줄을 서 아침 9시에 배부하는 번호표를 받으려고 줄을 서는 노력은 감히 대단하다고 할 수 있다. 돈까스의 맛이 얼마나 좋기에 이 정도로 호응을 얻을까?

인터넷에 돈까스 만드는 방법이라고 검색만 해도 수천 가지의 레시피가 제시돼 있다. 레시피는 많지만 다른 것들이 있다. 그것은 바로 재료와 조리도구, 그리고 요리사다. 같은 레시피를 주더라도 그에 따른 재료와 조리도구, 요리사의 조리 방법에 따라 음식의 맛이 달라진다.

레시피가 없으면 요리를 어떻게 할까?

만약에 요리를 한 번도 해 본 적이 없는 사람이 요리하려면 누구에게 도움을 청할까? 제일 먼저 엄마에게 전화할 것이다.

요리하기 위해 엄마에게 전화해서 물어본 적이 있을 것이다. 당연히 엄마가 알려준 대로 레시피를 하면 같은 맛이 나오지는 않아도 비슷할 줄 알았는데 맛은 전혀 다르다.

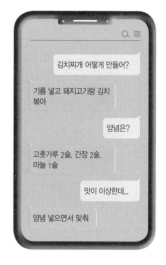

맛집은 몇 시간을 기다려도 아깝지 않아.

몇 년 전, 아내와 나는 다 쓰러져가는 제주의 한 식당에서 7천 원짜리 동태찌개를 먹기 위해 한 시간을 기다렸다. 손님들은 유능한 셰프의 맛있는 요리를 먹기 위해 아무리 먼 거리라도, 또 시간이 걸려도 대기를 한다. 교육과정 전문가를 꿈꾸는 교사들이라면 어떨까? 이와 같은 심정이지 않을까?

요리의 과정을 교육과정의 수준에 비유하면 어떻게 될까?

국가 수준 교육과정	지역 수준 교육과정	학교 수준 교육과정
↓	↓	↓
레시피	재료	요리사

지금부터 국가 수준 교육과정, 지역 수준 교육과정, 학교 수준 교육과정을 요리에 비유하여 알아보도록 하겠다.

1. 국가 수준 교육과정

> 국가 수준 교육과정이란 초·중등학교의 교육 목적과 목표 달성을 위해 초·중등교육법 제23조 제2항[1]에 입각하여 교육부 장관이 결정, 고시하는 교육 내용에 관한 전국 공통의 일반적 기준을 의미한다.
>
> 『출처: 2015 개정 교육과정 총론 해설(초등학교) p.6』

국가 수준 교육과정을 요리에 비유하자면 기본 레시피에 해당한다. 기본 레시피는 아주 상세하게 제시돼 있다. 상세하게 표현하는 것은 레시피 단계별로 참고해야 할 사항이 많다는 것이다.

레시피는 요리사가 수많은 경험을 바탕으로 만들어진 요리 방법이다. 간단한 요리의 레시피는 조리 방법이 단순하지만, 복잡한 요리의 레시피는 아주 섬세하고 디테일하다.

국가 수준 교육과정이 그러하다. 국가 수준의 교육과정은 전국 공통의 일반적인 기준을 제시하기 때문에 추상적으로 서술돼 있다.

국가 수준의 교육과정은 단위 학교에서 편성하고 운영하여야 할 교

---

1 초·중등교육법(법률 제14158호, 일부 개정 2016.5.29.) 제23조 제2항에는 교육부 장관이 교육과정의 기준과 내용에 관한 기본적 사항을 정하며, 교육감은 교육부 장관이 정한 교육과정의 범위 안에서 지역 실정에 적합한 기준과 내용을 정할 수 있음이 명시돼 있다.

육 목표, 교육 내용, 방법과 운영, 평가 등에 대한 지침을 구체적으로 제시한다.

레시피를 만들고 요리를 하는 것은 요리사다. 이제 요리사는 음식을 만들기 위해 전국 각지에서 신선한 재료를 준비할 것이고, 필요한 조리도구를 찾을 것이다. 이제 필요한 것은 요리 재료와 조리도구다. 즉, 교육부에서 시도교육청의 몫으로 넘겨지게 되는 것이다.

2. 지역 수준 교육과정

지역 수준 교육과정은 국가 수준 교육과정에서 획일적으로 제시하기 어렵거나 세밀하게 규제하는 것이 바람직하지 않은 사항을 그 지역의 특수성과 학교의 실정, 학생의 실태, 학부모 및 지역사회의 요구, 그리고 해당 지역과 학교의 교육 여건 등에 알맞게 정하여야 한다.

「출처: 2015 개정 교육과정 총론 해설(초등학교) p.6」

요리사가 백종원 대표의 레시피를 어렵게 구해 해물탕을 만들려고 한다.

Quiz.

해물탕에 들어갈 지역별 특산물을 이어보세요.

신안	•		•	꽃게
무안	•		•	소금
태안	•		•	낙지
완도	•		•	전복

지역 수준 교육과정은 요리 재료와 요리도구에 해당한다. 요리사는 요리를 만들기 위해 신선한 재료를 준비하고 손질한다. 또한 요리 재료에 맞는 요리도구를 준비하고 점검을 하게 된다.

요리사는 국가 수준 교육과정의 레시피를 통해 요리에 필요한 신선한 재료를 각 지역에서 구입한다. 신선한 재료도 요리의 실정에 맞게 변화시킬 수 있으며, 요리도구와 방법에 따라 요리의 맛이 달라진다.

지역 수준 교육과정은 국가 기준과 학교 교육과정을 자연스럽게 이어주는 교량적 역할을 하게 되며, 장학자료, 교수·학습자료 및 지역 교재 개발의 기본지침이 된다.

지역 수준의 교육과정을 설정하는 법적 근거는 초·중등교육법 제23조 제2항과 2015 개정 교육과정에서는 교육청 수준 지원 사항이다.

3. 학교 수준 교육과정

학교 수준 교육과정은 각 학교에서 일련의 교육 실천계획을 수립하고 중점 교육 내용과 방법을 선택하고자 할 때 그 근거가 되는 것은 어디까지나 국가 교육과정 기준과 시·도 교육청 지침이기 때문에 교사들은 이 기준과 지침을 자세히 분석하는 동시에 학교의 학생·교원 실태, 교육 실태, 교육시설·설비, 교육 자료 등의 교육 여건 등을 잘 파악하여야 한다.

『출처: 2015 개정 교육과정 총론 해설(초등학교) p.6』

이제 요리사는 요리에 들어간다. 레시피가 있고, 신선한 재료와 요리도구가 준비돼 있다. 이제 요리의 실천 여부는 요리사에게 있고, 요리의 맛과 양은 요리사의 몫이다.

학교 교육과정도 마찬가지이다. 교육부에서 제시한 국가 수준 교육과정을 통해 우리 지역에서 제시한 시도교육청의 편성지침에 근거하여 단위 학교의 실정에 맞는 학교 교육과정을 편성하게 된다.

학교 교육과정에는 지역의 특수성, 교육의 실태, 학생·교원·주민의 요구와 필요 등을 반영하여 교육과정을 편성하고 시기에 적합하게 교육활동을 운영하게 된다.

2015 개정 교육과정에서는 지역 및 학교의 실정에 알맞게 운영하도록 책무성과 자율성을 제시하고 있다. 이 책무성과 자율성에는 법적 구속력이 있어 단위 학교는 창의적이고 자율적인 교육과정을 편성하는 것이다.

교무부장과 연구부장의 책상 위에 교육과정과 관련된 자료들을 많이 볼 수가 있다. 이런 책들이 있는 이유는 교육과정과 밀접한 생활을 하고 있으며 학교 교육의 일관성 있는 교육을 추진하기 때문이다.

진수쌤's Tip

- 국가교육과정정보센터에는 우리나라 모든 교육과정에 대한 자료 탑재돼 있음
- 에듀넷 티클리어에서에서는 성취기준과 평가기준에 관련된 자료 탑재돼 있음
- 학교 교육과정은 시도교육청 및 지역교육청에 탑재돼 있어 자유롭게 다운받아 볼 수 있다. 없으면 해당학교에 요청하면 된다.

2장

교육과정 새롭게 바라보기

4년 전 ○○초로 발령을 받고 교육과정 부장을 맡으면서 학급교육과정에 대한 연수를 했는데 선생님들로부터 많은 저항을 받았다. 학급교육과정에 대한 이해도와 왜 편성해야 하는지에 대한 공감이 형성되지 않았던 ○○초에서 학급교육과정 편성은 새로운 혁신이었다.

교사는 학교생활의 패턴이 매년 비슷하기에 교육과정의 변화에 대해 민감해야 한다. 그러나 행정에 대한 변화에 대한 요구는 많은데, 교육과정에 대한 변화는 민감하고 둔하다. 교사라는 직업의 특성상 매년 학교생활에 큰 변화가 없다. 큰 변화라면 학교 관리자의 발령, 교사 본인의 전출 등에 대한 변화이다. 하지만 코로나19로 인한 원격수업 도입과 같은 획기적 변화는 거의 찾아볼 수가 없다.

코로나19가 처음 확산될 때만 해도 '금방 없어지겠지.', '곧 잠잠해지겠지.'라는 마음이 들었는데, 이제는 '언제나 사라지려나.' 하는 근심걱정이 가득하다. 학교 현장이 3월 개학을 앞두고 허둥지둥하는 사이 교육청은 여러 가지 지침을 공문으로 각 학교에 보냈다.

대한민국 교육 역사상 6·25 전쟁을 제외하고는 처음으로 겪는 재앙에 학교에서는 많은 혼선을 겪게 될 수밖에 없었다. 가장 큰 문제는 새롭게 편성된 학교 교육과정을 다시 편성해야 했다. 더불어 학생들의 등교, 수업 방법, 수업 시간, 수업 시수 등 교사들이 학생들과 함께 상호작용해야 하는 교육활동이 여러 차례 수정됐다. 이처럼 큰 재앙과 전쟁을 제외하고는 교사들의 큰 변화가 없는데, 교육과정 업무를 맡은 부장교사가 학교를 뒤흔들 수 있을까?

정답은 있다. 교사들은 교육과정 편성의 길이 험난하다는 것을 알고 있기에 자신들이 스스로 앞에 나서기를 꺼려한다. 학교의 교육과정 문화를 새롭게 변화시킨다는 것은 어렵지만, 소수의 인원이라도 함께 동조해 준다면 학교 전체를 변화시킬 수 있다는 것을 필자는 경험했다.

얼마 전 선배 교사로부터 한통의 문자를 받았다. 받는 순간 마음이 울컥했다. 퇴직이 얼마 남지 않으신 선배 교사가 한참 아래인 필자에게 '그동안 ○○초에서 펼친 너의 방식이 맞았다.'라는 고백을 한 것이다. 처음에 티격태격 싸웠던 기억은 사라지고 이제는 훈훈한 좋은 추억으로 바뀌게 됐다.

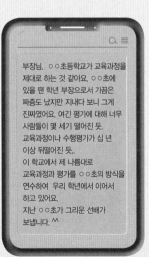

부장님. ○○초등학교가 교육과정을 제대로 하는 것 같아요. ○○초에 있을 땐 학년 부장으로서 가끔은 짜증도 났지만 지내다 보니 그게 진짜였어요. 여기 평가에 대해 너무 사람들이 몇 세기 떨어진 듯. 교육과정이나 수행평가가 십 년 이상 뒤떨어진 듯..
이 학교에서 제 나름대로 교육과정과 평가를 ○○초의 방식을 연수하여 우리 학년에서 이어서 하고 있어요.
지난 ○○초가 그리운 선배가 보냅니다. ^^

이제는 교육과정을 새롭게 들여다볼 필요성이 있다. 그동안의 고정된 나만의 방식에서 벗어나 조금씩이라도 변화를 줄 수 있는 센세이션을 일으키길 바란다.

교사는 교육과정의 전문가다.

교육과정이란?

「출처: 국가교육과정정보센터 홈페이지」

　교육과정이란 용어는 라틴어 'Currere'에서 유래됐다. 'Currere'은 '달린다', '경기장의 경주로'라는 뜻을 가지고 있다. 이 단어가 교육학으로 넘어오면서 'Curriculum'으로 사용됐다. 현대 교육학에서는 'Curriculum'을 학교와 같은 교육기관에서 교육 목표를 달성하기 위한 다양한 교육활동의 기준을 체계적으로 선정하고 조직한 문서이며,

나아가 이를 실행하는 과정과 성취한 결과를 포함하는 일련의 계획으로 정의하고 있다.

두 걸음

개정 교육과정이란?

현대사회는 아주 빠르게 변화하고 있지만, 우리가 가르치는 교육과정은 그렇게 빠르지 않다. 보통 5~7년 주기로 개정 교육과정 체제로 변화한다.

1. 개정 교육과정 탄생의 이유

7차 교육과정은 학교급별 개념에서 학년별 개념으로 전환했고, 국민 공통 기본교육과정과 선택중심 교육과정을 설정함으로써 교육과정과 평가의 강화 등 획기적인 변화를 가져왔다. 하지만 시행 과정에서 여러 가지 여건이 미흡하여 교육과정 운영에 문제가 발생했다. 교육과정에 대한 교사들의 부담 증가와 더불어 교육과정 도입 취지를 달성하지 못하는 등 현실적인 문제점에 직면하게 됐다.

이러한 문제점에 대한 개선의 필요성이 아래와 같이 제기됨에 따라 개정 교육과정이 탄생하게 됐다.

첫째, 기존의 교육과정은 고시부터 적용까지 10년의 기간이 소요돼 사회·문화적 변화를 반영한 교육 내용과 내용 체계를 개선할 필요성이 제기됐다.

둘째, 과학·역사 교육 등 국가 및 사회의 다양한 요구에 대한 교육과정과 교과서 반영 요구가 지속적으로 증대됐다.

셋째, 수준별 교육과정이 적용된 기존 7차 교육과정 적용의 문제점을 개선할 필요성이 제기됐다.

종래의 주기적 및 일시적 개정 방식의 문제점을 보완하기 위해 교육과정의 수시 개정 체제를 도입했다. 일시적이고 전면적인 교육과정 개정 방식의 비효율적성을 없애고 사회의 다원화 및 급격한 변화에 따른 국민의 다양한 요구를 적극적으로 반영하기 위한 선택이었다.

2. 개정 교육과정의 역사

개정 교육과정의 역사를 살펴보면 약 20여 년 전으로 거슬러 올라간다. 김대중 정부에서 노무현 정부로 정권이 이양되면서 노무현 정부에서는 8차 교육과정을 고시할 것인가 개정할 것인가를 고민했다.

이런 혼란 속에서 노무현 정부는 기존의 교육과정을 수정하는 개정 체제로 교육과정의 변화를 시도했다. 기존 7차 교육과정의 교육 사조를 유지하면서 필요하면 개정하는 안정된 교육과정을 선택한 것이다.

7차 교육과정 이후부터 2015 개정 교육과정에 이르기까지 차수별 교육과정의 특징을 살펴보면 다음과 같다.

교육과정 차수	교육과정 특징
7차 교육과정	• 국민공통기본교육과정(초1~고1)과 선택중심 교육과정(고2~고3)으로 편성 • 수준별 교육과정 도입 – 단계형, 심화 보충형, 과목 선택형 교육과정 구분 편성 • 학교 재량시간 전 학년 확대(주당 1시간 → 주당 2시간)
2007 개정 교육과정	• 교과 활동, 재량 활동, 특별 활동 3대 영역으로 구성 • 주5일 수업제 월 2회 실시에 따른 수업시수 일부 조정 • 교과별 연간 수업 시수 20% 범위 내 증감 운영 • 수준별 교육과정 폐지 • 학교 보건교육 강화로 5, 6학년 각각 17시간 이상 보건교육 실시 • 영어 수업 시수 확대 – 3, 4학년 주당 1시간 → 주당 2시간(2010학년도) – 5, 6학년 주당 2시간 → 주당 3시간(2011학년도)
2009 개정 교육과정	• 교과, 창의적 체험활동 2대 영역으로 축소 – 재량 활동과 특별 활동을 통합하여 창의적 체험활동 신설 • 공통 교육과정(초1~중3)과 선택교육과정(고1~고3)으로 편성 • 학년군 단위로 교과 이수 시간 제시로 연간 34주 2년간 기준 수업 시수를 제시 – 기존 1학년 이수 시간을 1~2학년군 국어 448시간 통합 제시
2015 개정 교육과정	• 교과, 창의적 체험활동 2대 영역 체제 유지 – 자율 활동 영역 중 행사 활동 영역 폐지 • 의미 있는 학습 활동이 이루어질 수 있도록 학기당 이수 교과목 수를 조정하여 집중 이수를 실시함 • 1, 2학년 창의적 체험활동 시수에 체험활동 중심의 안전한 생활을 포함하여 운영(64시간 편성) • 범교과 학습 주제 축소(18개 영역 → 10개 영역)

진수샘's Tip

• 개정 교육과정의 역사와 특징을 알아야 교육의 변화를 알 수 있다. 딱딱한 역사 공부를 하는 것 같지만 교육과정 변화를 민감하게 받아들여야 한다.
• 2015 개정 교육과정의 개정 배경은 전년도 교육과정의 문제점과 사회적 요구사항에 있다. 이처럼 교육과정에 대한 이해도를 높이기 위해서는 서로 비교 분석을 해야 교육과정에 대한 안목을 높일 수 있다.

세 걸음

교육과정에 대한 관점의 변화는
어떠한가?

우리나라 교육과정은 수많은 고시를 통해 변화됐다. 교육과정의 고시에 따라 교육을 바라보는 시점도 교과서 중심, 교사 중심에서 학생 중심으로, 학생 중심에서 배움 중심으로 시대의 흐름에 따라 다양하게 변한다. 이런 변화를 살펴보면 교육과정의 주체가 누구인지를 알 수가 있다.

교사 중심의 교육과정에서는 교육과정의 주체가 교사다. 이 말을 다시 생각해 보면 '교육과정의 주체는 당연히 교사 아니야?' 하는 반문이 나올 수 있다. 하지만 여기서 말하는 교사 중심 교육과정은 교사의 주도권이 50% 이상을 말하며 모든 교육활동의 중심이 교사에서 나온다고 생각하면 쉬울 것이다.

교육과정의 편성부터 교수·학습 방법, 교육공학 등 모든 교육활동이 교사 위주로 구성이 돼 학생들의 의견이 반영되는 부분은 매우 적었다. 즉, 1차부터 5차 교육과정의 시기라고 볼 수 있다.

이 시기의 교육과정에서는 교과서 중심으로 수업이 이루어졌으며 교육과정 재구조화보다는 국가에서 제시한 교과서 중심의 수업으로 매 차시가 구성돼 학생들은 교과서를 소중히 다룰 수밖에 없었다. 이로 인해 학생들의 학업 수준을 평가할 수 있는 기반은 교과서였으며, 교사들은 당연히 교과서에서 문제를 출제할 수밖에 없었다.

국민학교 시절 시험 기간(중간, 기말평가)이 되면 학생들이 교과서를 정독하는 모습을 볼 수 있었다. 그 당시 모든 평가는 성적순으로 서열화됐으며, 학교에서는 이에 대한 보상으로 우등상(평균 90점 이상)과 진보상(중간평가 보다 평균 10점 이상)을 해당 학생에게 상장을 수여했다.

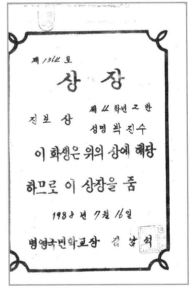

교육의 중앙집권화가 장기화되다 보니 국민적인 여론(독재정권에 대한 민주화 항쟁, 지방분권화 운동 등)이 전국에서 발생했고, 교육과정에 대한 반성이 싹을 틔운 것이 6차 교육과정부터다.

김영삼 정부가 탄생하면서 중앙 집중적인 교육과정을 지방분권형 교육과정으로 전환하면서 교육부 중심에서 시도교육청과 단위 학교에 자율 재량권을 확대하여 교육과정에 대한 대전환을 가져왔다.

　　교육과정이 교과와 특별 활동 2대 영역에서 교과, 특별 활동, 학교 재량 시간의 3대 영역으로 확대됐고, 1학년에 대한 교육과정 편성 운영권을 시도교육청으로 전권 이양됐다. 교육과정 자율 재량권을 확보하면서 시도교육청과 단위 학교는 교육과정의 다양한 시각을 갖게 됐고, 7차~2015 개정 교육과정까지 점진적인 변화를 거치면서 교육과정 재구조화는 시도교육청에서 단위 학교로, 단위 학교에서 동학년, 동학년에서 교사로 이양됐다.

　　큰 틀에서 제시된 수많은 교육과정 내용을 최소 단위인 학급에 적용하려다 보니 교사들의 부담은 늘어났다. 기존 교과서 위주의 체제로 돌아가자는 작은 움직임도 있었다. 하지만 지금 교사들은 교육과정 전문가이기에 교육과정 재구조화에 대한 반발심은 크게 없어졌다.

　　교육부를 중심으로 시도교육청에서 교육과정에 대한 이해와 적용을 위해 많은 연수와 각종 직무연수를 개설했고, 교사들이 의무적으로 연수를 이수해야 한다. 따라서 교육과정 재구조화는 교사들의 운명이라고 여겨진다. 교육과정에 대한 재구조화가 본격화되기 시작한 것은 개정 교육과정이 고시되면서부터라고 해도 과언은 아니다.

　　개정 교육과정이 고시되면서 교육과정 자율권이 교사에게 상당 부분 이양됐고, 교사들은 저마다의 교육관을 통해 학급 교육과정을 재구성하기 시작했다.

네 걸음

교육과정 대강화란?

중앙집권적인 교육과정에서 지방분권적인 교육과정으로 이양되면서 교육과정에 대한 비중이 국가 수준 교육과정에 집중됐다. 이는 국가 수준 교육과정에서 추구하는 인간상, 교육 목표 등이 중심이 돼 단위 학교에서는 국가 수준 교육과정을 중점으로 학교 교육과정을 편성하기 시작했다.

이런 현상은 학교들마다 국가 수준의 교육과정을 그대로 흡수하고 이행하려는 현상에서 발생했으며, 교사들의 관점도 국가 수준에 고착화돼 교과서 위주의 수업을 전개할 수밖에 없었다.

대강(大綱)의 의미를 살펴보면, 기존의 상세하고 세밀하게 규정해 놓은 것을 탈피하고 큰 틀의 방향성을 제시하는 것이다.

이 의미를 교육과정으로 접목을 시킨다고 가정했을 때, **교육과정 대강화**(大綱化)란 교육과정 문서의 내용과 형식을 양적으로 간소화하고 질적으로 적정하게 표현하여 제시하는 것으로 학교 수준 교육과정 대강화의 주요 내용을 요약하자면 다음과 같다.

교육과정 편성에 있어 정형화되고 획일화된 편성은 이제 대한민국 교육에서 사라지고 있다. 교육과정 편성의 자율성과 책무성을 단위 학교로 이양시켜 학교의 권한이 강화됐다.

이에 대한 흐름에 따라 단위 학교에서도 학년과 학급으로 하향 조정됨에 따라 교사들의 교육과정 편성 자율권이 강화되고 있다.

국가 수준 교육과정은 학교 교육과정 대강화를 위한 방법적인 면을 제시하지 않고 있다. 경기도교육청[2]과 강현석 외 4명[3]의 연구에 따르면 국가 교육과정 대강화의 방향과 과제를 수정 보완하여 제시한 학교 교육과정 대강화의 유형을 참고하면 다음과 같다.

---

2 경기도교육청(2017). 함께 만들어가는 교육과정.
3 국가교육과정 대강화의 방향과 과제: 교육과정 체제의 개선을 중심으로 중등교육연구, 54(1). 221~251.

[학교 교육과정 대강화 유형 및 방법]

	양적	질적
내용	내용의 간소화	내용의 적정화
형식	형식의 간소화	형식의 적정화

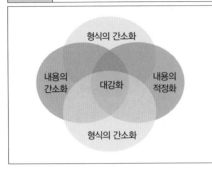

• 교육과정을 대강화하는 것은 어느 한 가지 방법만이 있는 것은 아니다. 형식을 간소화하여 제시하면 내용의 간소화도 함께 이루어지게 된다. 교육과정 문서 형식을 적정화하여 제시하면 내용도 적정하게 된다.

• 교육과정 대강화는 형식과 내용의 간소화·적정화가 동시에 일어나게 된다.

교육과정 대강화 유형은 네 가지로 구분될 수 있으며, 경기도교육청(2017)이 제시한 대강화의 유형별 의미와 적용 방안을 정리하면 다음과 같다.

유형	의미	적용 방안(예시)
형식의 간소화	• 교육과정 체제 혹은 교육과정 문서의 형식을 간소화하는 것	• 교육과정 체제나 형식의 양적 감소 • 교육과정 기저나 목표, 편제와 시간 배당 등을 간략하게 제시 • 교과, 창의적 체험활동 등의 교육과정 편제를 간단히 제시 • 교육활동 평가의 간략한 제시
내용의 간소화	• 교육과정 체제나 학교 교육과정 내용을 양적으로 줄여서 간략하게 제시하는 것	• 교육과정 내용의 분량 감소 • 학교마다 교육과정 문서의 내용이 상이하므로 보통 형식의 간소화와 함께 이루어짐
형식의 적정화	• 교육과정 문서의 형식을 질적으로 적정하게 하는 제반 조치	• 반드시 포함돼야 할 핵심적인 형식이나 체계 점검 • 학교 수준에서 필수 불가결하게 제시되고 표현돼야 할 교육과정 문서 체계 구안

내용의 적정화	• 교육과정 문서, 즉 학교 교육과정 문서의 내용을 질적으로 적정하게 하는 제반 조치	• 문서 체제나 형식의 항목이나 항목의 내용 질적 수준 점검 • 교육과정 체계상 하위 항목의 재구성

진수샘's Tip

• 교육과정의 대강화라고 하여 무조건 줄이는 것은 아니다. 동학년 및 학년군별 교육과정 협의회를 통해 우리 학교만의 창의적인 교육과정을 편성해야 한다.
• 학교 교육과정 대강화를 위해 별도의 정해진 절차는 없다. 학교 구성원들 간의 협의를 통해 결정할 사항이다.
• 우리 학교 교육과정의 목차를 살펴보고 대강화를 해야 할 부분을 찾아보라. 그리고 교육과정 평가회 때 협의를 해라.

3장

성취기준 이해하기

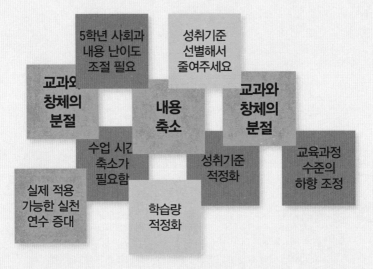

『출처:2020년 개정 교육과정 핵심 교원 연수 중 교사들의 이야기』

교사들은 성취기준에 대해 부담감과 부정적인 시선을 가지고 있다. '성취기준' 네 글자가 교육 현장에 미치는 파급력은 아주 막대하기 때문이다.

2009 개정 교육과정부터 성취기준이 강화되면서 교사들이 교육과정 재구조화를 하지 않을 수 없는 환경이 만들어졌다. 그러나 2009 개정 교육과정에서는 핵심 성취기준, 성취기준의 용어를 복합적으로 사용하면서 교사들에게 혼란을 불러일으켰다.

2015 개정 교육과정은 평가용어에 대한 혼란이 가중됨에 따라 새롭게 용어를 정리했다.

[2009 개정 교육과정과 2015 개정 교육과정 용어 변화]

교육과정	국가 교육과정	국가 교육과정에 따른 성취기준	개별 성취기준 달성 정도	단원별 영역별 성취기준 달성 정도
2009 개정 교육과정	교육과정 내용	성취기준	성취수준	성취수준
2015 개정 교육과정	교육과정 성취기준	평가준거 성취기준	평가기준	성취수준

성취기준을 중심으로 교육과정을 계획하는 것은 교육과정을 읽고 쓰고 활용할 수 있는 능력이다. 교육과정은 수업과 평가와 밀접한 관련성이 있는 것이기 때문이다. 일관성 유지를 위해 수업과 평가는 같은 곳을 바라봐야 한다. 그래서 교사들은 **교육과정 문해력**을 가져야 한다.

교육과정은 수업이며 평가다. 이는 성취기준을 중심으로 구성돼야 한다. 이런 이유로 교육과정 – 수업–평가의 일관성이 나왔다.

한 걸음

성취기준이란?

1. 성취기준의 정의

> 성취기준이란 학생들이 교과를 통해 배워야 할 내용과 이를 통해 수업 후 할 수 있거나 할 수 있기를 기대하는 능력을 결합하여 나타낸 활동의 기준

「출처: 교육부 학생평가 매뉴얼」

개정 교육과정이 도입되면서 교육과정에도 변화의 바람이 불었다. 바로 성취기준이다.

성취기준은 교수·학습 및 평가의 실질적인 근거로 교사가 무엇을 가르치고 평가해야 하는지, 학생이 무엇을 학습하고 성취해야 하는지에 관한 실질적인 지침이다.

2. 성취기준 찾아보기

성취기준은 교과별 교육과정에 제시돼 있으며, 평가기준에서도 쉽게 찾아볼 수 있다.

> [4도04-02] 참된 아름다움을 올바르게 이해하고 느껴 생활 속에서 이를 실천한다.

『출처: 2015 개정 교육과정에 따른 평가기준』

성취기준은 교과의 영역별로 제시돼 있다. 각 영역이 추구하는 방향성과 해당 학년군에서 학습해야 하는 내용을 제시하고 있다. 도덕과를 예로 들면 다음과 같다.

[도덕과 교육과정 성취기준 자신과의 영역 제시 사례]

자신과의 영역의 추구점	도덕적 주체로서 자신의 삶에서 도덕적 삶의 중요성과 도덕적 행동을 하는 데 필요한 것이 무엇인지를 탐구하고 삶의 목적과 행복에 대해 성찰하도록 함으로써 성실한 삶을 살고자 하는 태도를 갖도록 한다.
성취기준 제시	[4도01-01]도덕 시간에 무엇을 배우며 도덕 공부가 왜 필요한지를 알고 공부하는 사람으로서 지켜야 할 규칙을 모범 사례를 통해 습관화한다. [4도01-02]시간과 물건의 소중함을 알고 자신이 시간과 물건을 아껴 쓰고 있는지 반성해 보며 그 모범 사례를 따라 습관화한다. [4도01-03]최선을 다하는 삶을 위해 정성과 인내가 필요한 이유를 탐구하고 생활 계획을 세워본다. :

3. 학년군별 성취기준 수

총론에서 제시된 성취기준을 교과 영역별로 종합하면 학년 및 학년 군에서 가르쳐야 할 성취기준의 수를 알 수 있다.

[도덕과 교육과정 성취기준 수]

영역 학년	자신과의 관계	타인과의 관계	사회공동체와의 관계	자연초월과의 관계	계
3학년	[4도01-02] [4도01-03]	[4도02-01] [4도02-02]	[4도03-01]	[4도04-01]	6
4학년	[4도01-01]	[4도02-03] [4도02-04]	[4도03-02] [4도03-03	[4도04-02]	6
5학년	[6도01-01] [6도01-03]	[6도02-01] [6도02-02]	[6도03-01]	[6도04-01]	6
6학년	[6도01-02] [6도01-03]	[6도02-02] [6도02-03]	[6도03-02] [6도03-03] [6도03-04]	[6도04-01] [6도04-02]	9
총계	7	8	7	5	27

4. 성취기준을 연결하는 맵핑

교사들이 많이 사용하는 교과용 지도서를 살펴보면 단원별로 제시 가 돼 있다. 교과서 집필진들은 단원별 구성을 관련 성취기준을 분석 하여 제시했다.

교과별 제시된 성취기준을 교과용 도서와 연계하여 맵핑을 하면 교 과 진도 계획을 학기별 또는 연간으로 편성할 수 있다. 맵핑을 하는 이 유는 성취기준이 단원과 어떻게 연결돼 있는지 확인할 수 있고 교과

간, 교과 내 주제 중심 또는 프로젝트 학습을 전개할 수 있기 때문이다.

1) 성취기준과 단원 연결 맵핑

일반적인 방법으로 성취기준과 단원을 연결하는 방법이다. 교과용 도서에서 제시된 단원의 개관을 통해 단원 구성에 사용된 성취기준을 알 수 있다. 단원 구성은 성취기준과 단원의 1:1, 또는 2:1, 3:1 등 다양하게 구성돼 있다.

[성취기준과 단원 구성의 1:1 도덕과 사례]

영역	자신과의 관계		
핵심가치	성실		
내용요소	성취기준	단원명	학년 학기
인내	[4도01-03] 최선을 다하는 삶을 위해 정성과 인내가 필요한 이유를 탐구하고 생활 계획을 세워본다.	2. 인내하며 최선을 다하는 생활 우리가 만드는 도덕 수업1. 서로 돕는 우리, 함께 자라는 꿈	3-1
시간 관리 와 절약	[4도01-02] 시간과 물건의 소중함을 알고 자신이 시간과 물건을 아껴 쓰고 있는지 반성해 보며 그 모범 사례를 따라 습관화한다.	4. 아껴 쓰는 우리 우리가 만드는 도덕 수업2. 우리 모두를 위한 길	3-2

[성취기준과 단원 구성의 2:1 국어과 사례]

영역	문학		
핵심개념	문학의 수용과 생산		
내용요소	성취기준	단원명	학년 학기

비유적 표현의 특성과 효과	[6국05-01]문학은 가치 있는 내용을 언어로 표현하여 아름다움을 느끼게 하는 활동임을 이해하고 문학 활동을 한다. [6국05-03]비유적 표현의 특성과 효과를 살려 생각과 느낌을 다양하게 표현한다.	1. 비유하는 표현	6-1

[성취기준과 단원 구성의 3:1 국어과 사례]

영역	문학		
핵심개념	듣기 말하기의 본질, 읽기의 구성요소, 문학의 수용과 생산		
내용요소	성취기준	단원명	학년 학기
내용 요약 [글의구조] 구어 의사소통 작품 속 세계와 현실 세계의 비교	[6국02-02]글의 구조를 고려하여 글 전체의 내용을 요약한다. [6국01-01]구어 의사소통의 특성을 바탕으로 하여 듣기·말하기 활동을 한다. [6국05-06]작품에서 얻은 깨달음을 바탕으로 하여 바람직한 삶의 가치를 내면화하는 태도를 지닌다.	2. 이야기를 간추려요	6-1

2) 성취기준 연결을 통한 교과간 맵핑

주제 중심 또는 프로젝트 수업을 전개하기 위해서는 교과에 제시된 성취기준을 살펴보아야 한다. 교과에 제시된 성취기준을 살펴보고 성취기준의 학습 요소와 성취기준 해설을 분석하여 교과 간, 교과 내로 성취기준 맵핑을 할 수 있다.

성취기준 맵핑시 수업에 대한 의도가 분석돼야 하며, 수업에 필요한 제반 사항이 사전에 고려돼야 한다.

교과	성취기준
국어	[6국01-07] 상대가 처한 상황을 이해하고 공감하며 듣는 태도를 지닌다.
도덕	[6도02-01] 사이버 공간에서 발생하는 여러 문제에 대한 도덕적 민감성을 기르며, 사이버 공간에서 지켜야 할 예절과 법을 알고 습관화한다.

수업 의도	• 학교폭력 예방 주간을 맞이하여 학생들에게 학교폭력의 심각성을 일깨우고자 수업을 고민 • 국어와 도덕에 제시된 성취기준을 분석하던 중 성취기준간 연결성이 보여 두 성취기준으로 프로젝트 수업을 구성

수업 구성	• 프로젝트 수업에 따른 교과 시간 배치 • 수업에 필요한 물리적 환경구성(모둠, 기자재, 수업자료 등)

주제 선정	• 주제고려: 교사가 의도하고자 하는 수업을 구상하고 프로젝트 학습 도입시 학생들과 함께 주제를 선정 • 주제: 보이지 않는 언어폭력 싫어요!

5. 성취기준 재구조화

교과서에 제시된 학습자료를 활용하여 수업을 진행할 때 가끔 불편함을 느낀다. 자료가 조금 컸으면, 구체적 조작 활동물이 있었으면 하는 고민을 해본 적이 있다. 이런 영역을 가르치기 위해 성취기준을 재구조화 하여 수업을 전개할 수 있다.

1) 성취기준 재구조화란?

성취기준 재구조화는 교육과정 성취기준을 실제 평가의 상황에서 준거로 사용하기에 적합하도록 보다 구체적이고 명료하게 하는 것을 의미합니다.

『출처: 교육부 학생평가 매뉴얼』

성취기준의 내용 요소가 임의로 삭제되지 않거나, 학생의 학습 및 평가 부담이 가중되지 않는 범위에서는 교사의 판단으로 성취기준 재구조화가 가능하다.

2) 성취기준 재구조화 사례

성취기준 재구조화에 대한 논란은 뜨거웠다. 2017년 교육과정 – 수업 – 평가의 일관성에 대한 연수가 진행될 당시만 하더라도 성취기준을 수정하거나 변형하는 것은 안 된다고 했다. 교사들은 교육부와 한국교육과정평가원에 이의를 제기했고, 무수한 논란 끝에 수정이 가능하다는 결론이 나왔다.

교사가 의도를 가지고 교육내용을 수행하면서 성취기준 내용 요소를 변형하여 수업을 구상할 경우 다음과 같은 형태로 재구조화가 가능하다.

교재 연구	• 학생들이 조작 활동을 좋아함 • 평면도형의 이동 지도 시 교과서 자료로는 활동이 제한적임 • 성취기준과 관련된 교수 · 학습자료를 찾아봄 • 교내 놀이 수학과 관련된 교수 · 학습자료가 많음

수업 의도	평면도형에 대한 개념적 이해를 바탕으로 구체적 조작이 가능하며, 개념을 인식시 킬 수 있는 놀이 수학 교구를 활용한 수업 구상

교과	성취기준
수학	[4수02-04] 구체물이나 평면도형의 밀기, 뒤집기, 돌리기 활동을 통하여 그 변화 를 이해한다.

교과	성취기준 재구조화
수학	[4수02-04] 블로커스 블록 조각으로 밀기, 뒤집기, 돌리기 활동을 통하여 그 변화 를 이해한다.

3) 성취기준 재구조화 유의점

보통 교사들이 성취기준을 재구조화를 하지 않고 차시 재구조화를 하는 경우가 많다. 차시 재구조화는 성취기준을 건들지 않아도 되기 때문에 교사들이 선호하지만, 성취기준 재구조화는 다르다.

> 성취기준을 통합하거나 일부 내용을 압축하여 재구조화할 경우, 성취기준의 내용
> 요소 일부가 임의로 삭제되지 않도록 유의해야 하며, 일부 내용 요소를 추가해야
> 하는 경우에는 학생의 학습 및 평가 부담이 가중되지 않도록 학년(군), 학교급 및
> 교과(군)간의 연계성을 충분히 고려해야 합니다.

「출처: 교육부 학생평가 매뉴얼」

성취기준을 재구조화 하려면 성취기준에 대한 내용 요소를 고려해 학습 내용을 구조화해야 한다. 하지만 교사들은 일부 방법적인 요소(수업 방법, 수업 도구)만 고려하여 재구조화 할 뿐 학습 내용을 등한시하는 경우가 많다. 2009 개정 교육과정에서 제시한 핵심 성취기준을 잘못 받아들여 핵심 성취기준 중심으로만 수업을 전개하고 나머지 성취기준은 교사가 임의로 삭제하거나 등한시한 경우가 있었다.

6. 성취기준 분석하기

성취기준은 교과 역량과 기능, 내용 요소가 결합돼 생성됐다. 성취기준을 해석하기 위해서는 단원의 목표와 관련된 성취기준을 확인하고 그 구조를 분석하는 것이 중요하다.

내용 요소는 학생들이 교과를 통해 배워야 할 지식과 기능적인 측면, 행동 요소는 수업 후 할 수 있거나 할 수 있기를 기대하는 능력, 즉 수행 능력을 말한다.

다음 성취기준을 사례로 성취기준을 분석해 보도록 하자. [4사02-05]는 3학년 2학기 3단원 가족의 형태와 역할 변화 중 1 주제에 해당하는 가족의 구성과 역할 변화와 연계된 성취기준이다.

> [4사02-05] 옛날과 오늘날의 혼인 풍습과 가족 구성을 비교하고, 시대별 가족의 모습과 가족 구성원의 역할 변화를 탐색한다.

내용 요소는 가르쳐야 할 학습 요소다. 그렇다면 혼인 풍습, 시대별 가족 모습, 가족 구성원의 역할을 옛날과 오늘날을 비교하여 변화되는 과정과 특징을 살펴보아야 한다.

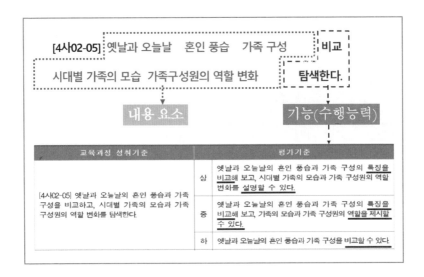

내용 요소를 수행할 기능은 비교와 탐색이다. 내용 요소에 따른 학생활동 평가를 위해 성취기준에 따른 평가기준을 찾아야 한다. 평가기준을 찾아 상·중·하에 따른 평가기준을 탐색하고 그에 맞는 평가방법을 선택해야 한다. 이 성취기준에 따른 평가기준은 특징을 비교, 설명을 중점으로 설정했다. 따라서 그에 맞는 평가 방법을 통한 다양한 평가를 설정한다.

[4사02-05]에 따른 성취기준을 분석하려면 여러 고민을 해야 한다.

① 혼인에 대한 용어의 정의, 혼인 방식의 변화, 가족 구성의 변화, 가족 구성원 역할의 변화에 관한 내용 요소 파악

② 성취기준에 대한 학습의 범위와 위계 탐색

③ 학습 내용에 대한 교수·학습 방법을 선정

④ 교수·학습 방법에 대한 지도 방법 고려

⑤ 내용 요소에 대한 학생들의 수행 방법 선정

⑥ 기타 사항(기자재, 활동지 등)

이런 제반 요소들을 고려하여 성취기준을 분석하면 다음과 같다.

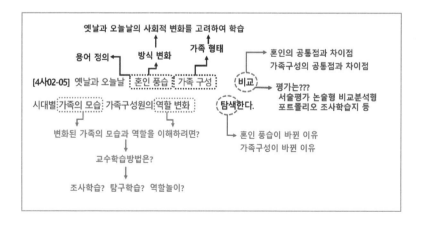

두 걸음

평가기준이란?

1. 평가기준의 정의

> 평가기준이란 학생의 학습 정도를 판단하기 위해 각 성취기준에 도달한 정도를 상, 중, 하의 세 단계로 구분하고, 각 도달 정도에 속한 학생들이 무엇을 알고 있고, 무엇을 할 수 있는지를 기술한 것입니다.

「출처: 교육부 학생평가 매뉴얼」

2015 개정 교육과정은 성취기준에 따른 평가기준을 제시하여 교사들이 평가계획을 수립하는 데 도움을 주며 학생들이 어느 정도의 수준에 도달했는지 판단할 수 있는 근거를 제시했다.

교육과정 성취기준		평가기준
[4사02-05] 옛날과 오늘날의 혼인 풍습과 가족 구성을 비교하고, 시대별 가족의 모습과 가족 구성원의 역할 변화를 탐색한다.	상	옛날과 오늘날의 혼인 풍습과 가족 구성의 특징을 비교해 보고, 시대별 가족의 모습과 가족 구성원의 역할 변화를 설명할 수 있다.
	중	옛날과 오늘날의 혼인 풍습과 가족 구성의 특징을 비교해 보고, 가족의 모습과 가족 구성원의 역할을 제시할 수 있다.
	하	옛날과 오늘날의 혼인 풍습과 가족 구성을 비교할 수 있다.

[4사02-06] 현대의 여러 가지 가족 형태를 조사하여 가족의 다양한 삶의 모습을 존중하는 태도를 기른다.	상	현대의 여러 가지 가족 형태를 조사하고, 가족의 다양한 삶의 모습을 탐색하여 이를 존중하는 태도를 실천할 수 있다.
	중	현대의 여러 가지 가족 형태를 조사하고, 가족의 다양한 삶의 모습을 존중하는 태도의 중요성을 설명할 수 있다.
	하	현대의 여러 가지 가족 형태를 조사하고, 다양한 가족의 삶의 모습을 제시할 수 있다.

2. 평가준거 성취기준이란?

평가준거 성취기준이란 학교에서의 구체적인 평가 상황을 고려하여 학생 입장에서는 무엇을 학습하고 성취해야 하는지, 교사 입장에서는 무엇을 가르치고 평가해야 하는지에 관한 보다 구체적인 안내를 제공하는 데 필요한 경우에 한하여 교육과정 성취기준을 재구성한 것입니다.

『출처: 교육부 학생평가 매뉴얼』

성취기준이 2개 이상의 학습 요소를 병합적으로 진술하고 있는 경우 하나의 연속선상에 있으면 평가준거 성취기준을 작성하지 않고 교과의 특성상 학습 요소가 명확하게 구분되면 분리 진술 작성한다.

교육과정 성취기준	평가준거 성취기준		평가기준
[2수02-02] 쌓기나무를 이용하여 여러 가지 입체도형의 모양을 만들고, 그 모양에 대해 위치나 방향을 이용하여 말할 수 있다.	[평가준거 성취기준 ①] 쌓기나무를 이용하여 여러 가지 입체도형의 모양을 만들 수 있다.	상	쌓기나무로 만든 여러 가지 입체도형의 모양에 대한 설명을 듣고 똑같은 모양을 만들 수 있다.
		중	쌓기나무로 만든 여러 가지 입체도형의 모양을 보고 똑같은 모양을 만들 수 있다.
		하	안내된 절차에 따라 쌓기나무로 만든 간단한 입체도형의 모양을 보고 똑같은 모양을 만들 수 있다.
	[평가준거 성취기준 ②] 쌓기나무를 이용하여 만든 모양을 보고 위치나 방향을 이용하여 말할 수 있다.	상	쌓기나무를 이용하여 만든 모양에 대해 위치나 방향을 이용하여 여러 가지 방법으로 말할 수 있다.
		중	쌓기나무를 이용하여 만든 모양에 대해 위치나 방향을 이용하여 말할 수 있다.
		하	쌓기나무를 이용하여 만든 간단한 모양에 대해 위치와 방향을 이용하여 대략적으로 말할 수 있다.

PART 3

교사 수준
교육과정 펼치기

1장

우리 학교 교육과정 들여다보기

2014년 9월, 시원한 가을바람이 다가올 무렵이다. 당시 인성교육 연구학교 연구부장을 맡아 보고회를 준비하기에도 바쁜 시기에 학교 정규감사가 찾아왔다. 학교 감사를 처음으로 겪었다. 행정실에서 주는 목록을 보니, 연구부에서 내놓아야 하는 것은 아주 간략했다. 학교 교육과정을 비롯하여 설문지, 설문 분석, 연구학교 자료였다. 학교 자료실에서 2012년부터 2014년도까지 3년 동안의 자료를 찾아 감사장에 놓고 감사를 받게 됐다. 그 당시만 해도 감사를 시작하면 교사들은 바짝 긴장하고 해당 업무에 대한 답변서를 만들어 놓을 만큼 초긴장 상태였다. 감사 마지막 날까지 찾는 전화가 없어 좋아할 무렵 한 통의 전화가 교무실로부터 걸려왔다.

교무행정사: 박선생님, 감사장에서 김○○장학사님께서 찾으세요.

박○○선생님: 네, 알겠습니다.

김○○장학사님: 어서 오세요, 박○○선생님. ○○학교 교육과정 누가 만들었나요?

박○○선생님: 선생님들이랑 함께 만들었습니다.

김○○장학사님: 정말요?

박○○선생님: 선생님들과 협의하여 만들었습니다. 왜 그러시죠 김○○장학사님?

김○○장학사님: 협의하여 만들었는데 3년치 교육과정이 똑같네요. 교육 목표와 교육 중점이 같을 수는 있어도 어떻게 실태와 분석이 숫자와 그래프만 바뀌고 내용이 똑같을 수가 있지요? 올해와 전년도만 보았는데 이전 것을 가져와서 본다면 안 봐도 이런 형식으로 돼 있을 겁니다.

박○○선생님: (순간 머리를 망치로 맞는 느낌을 받았다)

김○○장학사님: 박○○선생님, 연구부장이라고 하셨죠? 연구부장은 교육과정의 꽃이죠. 교육과정 편성 방법은 이렇습니다. (이하생략)

지금으로부터 6년 전의 일이다. 그때만 생각하면 지금도 쥐구멍에 숨고 싶을 정도로 얼굴이 붉어진다. 연구부장을 맡고 처음으로 만들었던 해의 학교 교육과정을 감사장에서 탈탈 털리고 말았다. 지금 돌이켜보면 학교 교육과정을 어떻게 만들고 무엇을 구성해야 하는지 모르고 만들었기에 감사장에서 아무 말도 할 수 없었다.

1시간 동안 장학사님께 교육과정 편성 방법에 대해 강의 아닌 강의를 듣고 나서 오기가 생겼다. 그래서 2015학년도 ○○교육과정은 180도 바뀌게 됐고 교육과정을 공부하게 된 큰 계기가 됐다.

재미있는 사실은 큰 가르침을 주셨던 장학사님이 다음 해 본교 교감 선생님으로 부임을 하시게 됐다는 점이다. 새롭게 달라진 ○○교육과정을 보고 본인도 놀라실 만큼 감동을 얻으셨고, 이 사건을 통해 이후 교육과정에 관한 연구와 탐구는 자발적이든 타의든 아침에 해를 보고 출근하여 다음 날 새벽 해를 보고 잠시 퇴근 후 출근 할 정도로 뜨겁게 불을 지피게 됐다.

Q1. 선생님의 학교 교육과정은 어디에 있나요?

대부분이 교사 책상 한편에 가지런히 놓여 있지만, 교과서처럼 매일 찾지는 않는다. 학기 초에 몇 번 보면 많이 보게 되고 업무 담당자 아니면 자주 접하지 않는다. 왜 이런 현상이 일어날까? 학교 교육과정은 학교의 모든 것을 담고 있으며, 초·중등교육법 제23조 1항에 '학교는 교육과정을 운영하여야 한다.'는 법령에 의거하여 만들어졌는데 교사들은 쳐다보지를 않는다.

학교 교육과정은 학교장의 교육관, 우리 학교의 실태, 학교 교육의 방향, 교육 목표와 교육 중점, 특색교육, 평가 방향, 각 부서의 교육 추진계획 등 세부적으로 편성되고 운영되도록 하는 지침서다.

교회의 바이블이 성경이면, 학교 교육의 바이블은 당연 학교 교육과정인데 교사들은 왜 등한시하는 것인지 반문하고 싶다. 교사들이 애지중지하는 교과서와 교사용 지도서만큼 우리 학교 교육과정을 잘 알아야지만 우리 학급을 운영하는 데도 큰 도움이 된다.

Q2. 학교 교육과정을 편성하는 교사들은 교무부장과 연구부장만의 몫인가?

학교 교육과정을 편성하는 주무는 있지만 모든 교직원이 함께 참여하여 협의하고 논의 끝에 만들어 낸 산물이라고 말한다. 그렇지만 현실은 그렇지 못하다.

선생님들에게 이렇게 물어보면, 어떤 답변이 돌아올지 궁금하다.

"선생님은 학교 교육과정 편성에 어떻게 참여하세요?"

깊이 있게 고민한 선생님과 하지 않은 선생님의 차이는 교육과정 편성에 깊이 있게 참여를 하느냐 않느냐의 차이일 것이다.

그렇다면 이렇게 반문을 하시는 선생님들도 많을 것이다.

'교육과정 편성에 참여하지 않는다고 교육과정을 편성하지 않는 것이라고 볼 수 있는가?'

만약 이런 분이 계신다면 교육과정 편성에 있어 깊이 있는 협의와 고민을 어떻게 하시는가에 대해 반문을 던지고 싶다.

Q3. 우리 학교를 소개한다면 처음 무엇이 떠오르나요?

참 어려운 질문이다. 우리는 학생들에게 학기 초 자기소개서를 주고 자기를 소개하라고 한다. 아이들의 표정은 가지각색이다. 자기 자신도 잘 모르는데 선생님은 여러 가지 항목을 주면서 그림 또는 글로 표현을 하라고 하니 짜증이 날 수밖에 없다.

교사들도 마찬가지다. 선생님의 학교를 소개하라고 하면 무엇을 소개할 것인가? 목포유달초등학교에 근무할 때 국내 및 국외에서 많은 방문객이 찾아왔다. 역사가 오래된 학교이기도 하지만 이 학교에는 국내에서 발견된 마지막 남한산 호랑이 박제가 교무실 앞에 놓여 있다. 호랑이를 보기 위해 매일 관광객이 불시에 학교를 찾아오고 어느 순간 목포유달초의 명물은 남한산 호랑이가 돼 버렸다.

교육과정을 연구하기 이전까지 나도 호랑이라고 소개했지만, 교육과정에 새롭게 눈을 뜬 뒤부터는 목포유달초 교육과정이라고 소개를 했다. 앞에서 언급한 바와 같이 2015년에 발령받으신 교감 선생님과 함께 교육과정을 3개월 동안 밤을 새워가면서 연구를 하던 때가 있었다. 이 시기를 통해 변화된 것은 학교 교육과정이었다.

학생들의 시선에서 바라보는 교육을 통해 기존의 학교 교육과정이 한 걸음 더 바뀌게 되는 계기를 맞이했고, 그해 목포유달초등학교는 제14회 전국 100대 교육과정 우수학교라는 영예를 안게 됐다.

학교 구성원이라면 우리 학교에 대한 자부심이 있다. 하지만 학교 교육과정이 추구하는 교육 방향을 모르고 자부심을 가지는 것은 우리 교사들의 자존심에 상처를 주는 일이라고 생각한다.

나를 알아야 너를 알고 서로에 대한 믿음과 신뢰가 쌓이듯 학교 교육과정을 알고 우리 학급 교육과정을 편성해야 학교와 학급이 함께 동행을 한다. 나도 모르고 상대도 모르는 상태에서 학교 교육과정의 전문가인 교사가 학급 교육과정을 올바르게 편성할 수 있을까?

책상 곁에 놓여 있던 우리 학교 교육과정을 찾아 처음부터 차근차근 살펴보자. 내가 몰랐던 교육활동과 방향의 지침이 보일 것이고, 교육과정에 대한 안목이 다시 넓어지게 될 것이다. 지금부터 차근차근 학교 교육과정을 조목조목 살펴보고자 한다.

한 걸음

학교 비전을 파악하라

비전이란 앞을 내다보는 미래의 상황이며 교육에서의 비전은 미래 사회를 살아갈 우리 학생들에게 교육적으로 안내하는 로드맵이라고 정의를 내릴 수 있다.

우리 학교의 비전은 어디 있는지 찾아보라고 한다면 무엇을 먼저 찾아야 할까? 바로 학교 교육과정이다. 그러나 글로 드러난 학교의 교육 비전은 곳곳에서 쉽게 찾아볼 수 있다.

중앙 현관 입구

이렇게 학교의 비전이 눈앞에 보이는 가까운 곳에 있지만 우리는 쉽게 지나치고 관심을 두지 않는다. 관심을 두고 지켜보는 이는 교장, 교감, 교무, 연구부장 그리고 학교를 방문하는 방문객이다. 특히 학교를 찾는 방문객은 학교 비전을 유심히 살피곤 한다. 왜일까? 궁금하기 때문이다.

교장실

우리가 다른 집에 초대받아서 가면 제일 먼저 무엇을 보는지 생각해보자. 관심사에 따라 집의 모습, 거실의 스타일, 주방, 내부 인테리어 등등을 보게 된다.

우리 교사들도 마찬가지이다. 내가 교육과정의 실무자라고 생각한다면 우리 학교의 비전을 그냥 지나칠 수가 있을까? 학교 교육 비전은 학교가 만들어가고 싶은 바람직한 미래상을 일컫는 것으로 국가 수준의 교육 목표, 시도교육청 교육의 기본 방향, 지역 교육청의 교육 실천 방향 및 학교장의 교육관 및 철학 등을 바탕으로 궁극적이고 장기적으로 나아가고자 추구하는 학교의 방향을 설정한다.

학교 교육의 기본 방향 설정은 미래를 살아갈 학생들의 성장 준비를 위한 단위 학교 교육공동체의 다양한 생각과 실천 전략을 집약하여 표현하며, 미래사회의 시대적 요구에 맞도록 학교 교육이 달성하고자 하는 근원적 의지를 제시한다. 더불어 화려한 수식어로 장식하기보다는 교육 목표와 교육 중점 과제, 학교 특색 교육 등 일관성 있게 드러나도록 표현한다.

1. 비전의 설정 단계

학교의 비전은 어떻게 만들어지게 될까? 먼저 교육공동체의 실태를 분석하고 차기 년도 교육 방향에 대한 협의를 거쳐 제시된 교육에 대한 구성원의 협의 과정을 거쳐 학교 교육의 교육 비전을 설정한다.

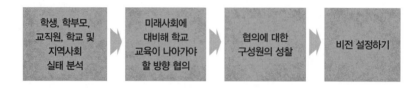

2. 비전 분석하기

아래에서 A학교와 B학교의 비전을 살펴보도록 하자. 이 두 학교의 비전을 보면 이 학교들이 무엇을 추구하고자 하는지 알 수 있다.

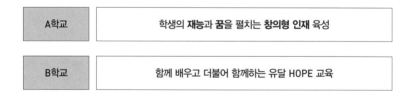

A학교의 한글 제시형 비전문은 재능, 꿈, 창의가 핵심 가치로 선정이 돼 설정됐으며, 비전 한 문장으로 학교가 추구하는 것을 면밀하게 알 수는 없으나 학교가 지향하고자 하는 바를 유추할 수는 있다. A 학

교는 학생의 재능, 꿈을 실현할 수 있는 교육과정을 중점으로 미래사회가 요구하는 창의형 인재 육성을 위한 교육과정 기반을 마련했을 것이다. 학생의 재능과 꿈을 실현하기 위해 교육과정과 창의적 체험활동, 이 두 가지를 기반으로 구성이 됐을 것이고 창의형 교육과정을 위해 프로젝트 학습 및 융합 교육활동이 이루어지고 있다고 판단된다.

B학교의 한글+영어 제시형 비전은 쉽게 설명돼 있지만, HOPE라는 교육의 특성을 알지 못하고서는 교육 목표 도달점을 알 수가 없다. 학생, 학부모, 교사가 함께 만들고 교육과정 및 교육활동에 참여하여 서로 함께 공유하는 것으로 마을 교육공동체의 학교라는 것을 짐작할 수 있지만 HOPE의 의미는 쉽게 알 수가 없다. 아마도 교육공동체의 지향점은 학생, 학부모, 교사들에게 희망을 전달하고 싶은 것 같다. 그러나 HOPE의 의미를 교육공동체가 반드시 알아야지만 학교의 비전을 달성할 수가 있다.

학교의 비전은 그림, 글자, 영문 조합 등 학교의 상황에 맞게 다양하게 제시되며 무엇이 옳고 그르다고 표현할 수가 없다. 학교마다 학교 고유의 색을 가지고 있지만 어느 누구나 비전을 보았을 때 바로 학교의 특색이 떠오르면 좋은 비전이 아닐까 싶다.

> 진수쌤's Tip
>
> • 비전 설정 시 교육적 가치와 관련지어 보아라. 교육 가치는 무수히 많지만 교원들이 학교에 맞는 가치를 논의하다 보면 몇 가지로 좁혀진다. 이것을 교육 비전과 연결시켜라.
> • 비전은 구체적으로 모두가 알기 쉽고 지향점을 쉽게 파악할 수 있는 문장이 좋다.

1. 우리 학교의 교육 비전을 살펴봅시다. 어떤 교육을 추구하고 있나요?

_____

_____

_____

_____

2. 내가 학교장이란 가정하에 우리 학교의 비전을 만들어봅시다.

학생, 학부모, 교직원, 학교 및 지역사회 실태 분석은?	
미래사회에 대비해 학교 교육이 나아가야 할 방향은?	
협의에 대한 구성원의 성찰	
비전 설정하기	

두 걸음

학교장 경영 마인드를 분석하라

박교사: ○○초 발령 축하해~

김교사: T.T

박교사: 왜?

김교사: 학교가 너무 힘들대…….

박교사: 교장 선생님의 경영 마인드가 좋잖아
많은걸 배울 수 있을 거야

김교사: ○○초 학교 교육과정 보니까 장난이 아니던데…….

박교사: 교육과정을 선도하는 학교이기도 하지.
나도 너희 학교 가서 배우고 싶다. 파이팅!!!

  매년 2월은 교사들의 인사발령 시기이다. 이 시기에 웃지 못할 풍
경이 일어나곤 한다. 발령받은 학교의 분위기 때문이다. 교사들의 인
사발령은 희망 내신이지만 간혹 희망하지 않은 학교로 발령을 받게 되
면 교사들은 혼란에 빠지게 되고, 학교 분위기 파악을 위해 전화기 속

「출처: 목포한빛초등학교 2020 교육계획」

의 인맥을 동원하여 정보를 얻는다.

학교를 경영하는 주체는 교장 선생님이다. 왜냐하면 최종 결정권자이기 때문이다. 그렇지만 학교 경영을 혼자서만 하는 것은 아니다. 현재 학교는 교육공동체 학교, 마을공동체 학교로 변화되고 있다.

학교 경영의 주체는 같지만 교육관을 교육공동체와 함께 만들고 교사들에게도 많은 협의권과 결정권이 부여되고 있다.

교육관에 따라 학교 교육활동에 변화가 생긴다. 학교장의 교육관을 학교 교육과정에서 찾아볼 수 있다. 학교 교육과정의 목차에는 교육활동과 관련된 세부 계획들이 편성돼 있다. 학교 교육과정에서 학교장의 교육관을 엿볼 수 있는 파트는 어디일까?

(O: 맞다, △: 보통, X: 아니다)

교육 비전	(O, △, X)	교과 운영계획	(O, △, X)
학교장 교육관	(O, △, X)	교과 평가계획	(O, △, X)
학교 교육 목표 구현 체계	(O, △, X)	창의적 체험활동 운영 계획	(O, △, X)
교육 목표 구현 교육활동	(O, △, X)	창의적 체험활동 평가 계획	(O, △, X)
교육과정 편성의 방향	(O, △, X)	주제별 프로젝트 운영 계획	(O, △, X)
교육과정 편제	(O, △, X)	학년 교육과정 운영 계획	(O, △, X)
학년군별 시간운영 계획	(O, △, X)	학급 교육과정 운영 계획	(O, △, X)
교육과정의 방향	(O, △, X)	교육과정 평가 계획	(O, △, X)

미시적인 관점에서 살펴보면 교육 비전, 학교장 교육관, 학교 교육 목표 구현 체계에서 학교장의 경영 마인드를 살펴볼 수 있으며, 거시적인 관점에서 살펴보면 전체가 될 수도 있다. 이는 교육관을 바라보는 교사들의 관점에 따라 정답은 다르기 때문이다.

그렇다면 학교장 경영 마인드를 분석하는 이유는 무엇일까? 학교장의 경영방침에 따라 교육활동의 변화가 생기기 때문이다. 수업에 관점을 둔다면 수업 공개, 수업 연구, 수업 협의, 학생 중심수업, 배움 중심수업, 평가 등에 세부 과제를 연결할 것이고, 마을 교육공동체에 관점을 둔다면 마을과 소통하는 교육문화, 교육시설, 교육활동을 연계할 것이다.

이처럼 학교장의 경영 마인드는 다양하기에 내가 속한 학교의 교육 방향을 파악하여 우리 학년과 학급에 교육활동을 적용하여야 한다.

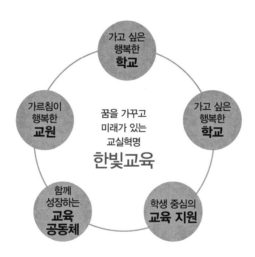

위 학교의 경영 마인드를 살펴보면 학교, 교원, 학생, 교육공동체,

지원체계를 간략하면서도 포인트 있게 설정했다.

그렇다면 영역별로 분석을 해보자.

학생	• 배움이 즐거운 수업을 전개하기 위해 교육 중점에 학생 활동 중심 수업, 배움 중심 수업을 편성 • 실내 놀이공간 확보를 통한 놀이공간 혁신
교원	• 교원에게는 가르침이 행복함을 주기 위해 수업 중심의 컨설팅 • 교육활동을 지원하는 교사 동아리, 전문적 학습공동체 운영
교육공동체	• 함께 배우고 더불어 성장할 수 있는 교육 환경 여건 • 교육활동을 함께 하는 문화 여건 조성
교육지원	• 학생의 관점에서 바라보는 교육 환경 시설 설치 • 교직원이 원하는 교육 환경 개선
학교	• 가고 싶고 찾아오는 학교를 지향

경영 마인드는 추상적이기 때문에 학교 교육과정을 세밀하게 분석하지 않으면 우리 학년—학급과 연계하기가 어렵다. 이런 이유로 우리 학교 교육 중점과 교육활동을 중점으로 살펴보아야 한다.

우리 학교 경영 방향을 제대로 분석한다면 우리 학급의 교육 방향이 보일 것이다.

그렇다면 우리 학급 교육과정에는 어떻게 반영할 것인가?

진수샘's Tip

• 학교장의 경영 마인드는 교육과정에 녹아내기가 어렵다.
• 교육과정 대강화로 인해 학교장 경영 마인드를 비전과 함께 제시하는 학교도 있다.

1. 우리 학교장의 경영 마인드를 분석해 봅시다.

학생	
교원	
교육공동체	
교육지원	
학교	

2. 내가 바라는 학교의 모습은 어떤 것인가요?

_____

_____

_____

세 걸음

교육 목표와 교육 중점이
어떻게 설정됐나 파악하라

개성이	심성이	건강이	재능이
생각과 느낌을 창의적으로 표현하는 어린이	예절과 배려를 실천하는 마음이 따뜻한 어린이	기초·기본생활 습관이 형성된 건강한 어린이	자신의 소질과 끼를 계발하는 어린이

여행을 하게 되면 먼저 계획을 세운다. 여행 목적지부터 비행기 티켓은 어떻게 하고, 숙소는 어느 곳으로 할지 세부적인 것 하나부터 열까지 세밀하게 계획을 세운다.

계획이라는 것은 치밀한 과정을 요구한다. 학교들마다 교육 목표가 설정돼 있다. 교육 목표는 무엇을 뜻하는 것일까? 교육 목표는 학교의 교육 방향성을 말해준다.

비행기를 타고 여행을 한다고 가정하자. 이번 여행의 목적지는 하와이다. 힐링을 위한 목적지에 가기 위해 비행기의 기장과 부기장에게 모든 것을 맡긴다. 기장은 승객들의 여행 목적지를 향해 준비한다. 목적지는 하와이. 비행기의 조작 버튼을 통해 하와이로 목적지를 설정한다. 그리고 항로 계기판을 통해 하와이가 도착지점인지를 확인하고 비행을 한다. 목적지인 하와이에 도착한다. 여행의 계획이 실행되는 것이다.

교육 목표는 학교 비전에 따른 교육의 방향성을 구체적으로 펼쳐놓은 교육의 로드맵이다. 하지만 이 로드맵은 추상적인 용어를 구체적으로 풀어놓은 것이다. 학교장의 교육관과 교육 비전을 교원들이 함께 만들어가면서 구체적인 교육활동을 펼치는 과정이다. 교육 목표는 추상적이지만 구체적으로 제시함으로써 교육의 방향성을 제시하게 된다.

교육 목표가 교사들에게 주는 메시지가 정확하고 제시하는 교육활동이 명확해야 학년 교육과정과 학급 교육과정에 구체적으로 연계할 수 있다.

그러나 학교의 교육 목표가 이해할 수 없을 정도로 추상적일 경우 구체적으로 교육활동을 제시할 학년 교육과정과 학급 교육과정 역시 추상적으로 편성될 수밖에 없다. 이유는 교사들이 학교 교육에 대한 방향성을 이해하지 못하며 구체적으로 제시하지 못하기 때문이다.

교육 목표 설정은 전년도 교육과정 운영에 대한 평가를 통해 수정돼야 할 부분이 있는지 협의 과정을 거쳐야 하며, 전년도 교육과정 평가에 대한 실태분석을 기반으로 교육 목표에 따른 교육 중점 활동들을 하나씩 분석해나간다.

아래 학교 교육 목표를 하나씩 살펴보라.

교육 목표 1. 생각과 느낌을 창의적으로 표현하는 어린이			
핵심 역량	교육 중점	교육활동	실천 과제
지식 정보 처리 능력	1. 교육과정 – 수업 – 평가 연계한 교육과정 편성	1-1. 창의 개성 교사별 교육과정 편성	**개성이 1-1-1 교사별 학교 교육과정 편성** 가. 학교 – 학년교육과정과 연계한 학급 교육과정 편성 나. 교사의 전문성을 살린 학급 특색 프로그램 편성 **개성이 1-1-2 창의·개성으로 편성된 교육과정 재구조화** 가. 학년별 융합 프로젝트 교육과정 편성·운영 나. 특색 있는 교과별 교육과정 재구조화
		1-2. 학생 성장 중심의 교사별 과정 중심 평가	**개성이 1-2-1 교사별 과정중심평가 수립** 가. 학생의 성장을 평가하는 교사별 평가계획 수립 나. 기본학력 정착을 위한 학급별 프로그램 운영 다. 분기별 가정으로 통지하는 학생 성장평가 안내 **개성이 1-2-2 기본학력 증진을 위한 평가지원** 가. 기초학력 최소화를 위한 학습 클리닉센터 운영 나. 학생의 특성을 파악하는 주기적인 표준화 검사

교육 목표 1과 관련하여 핵심역량으로 지식정보처리 능력을 지향점으로 설정하고, 교육 중점을 교육과정–수업–평가를 연계한 교육과정 편성으로 도출하여 교육활동을 창의적이고 개성 있는 교사별 교육과정 편성과 학생성장 중심의 과정중심평가를 지향점으로 도출했다.

이에 따라 각 학년과 학급에서 실천 과제를 연계한 교육과정을 편성하기 위해 교사들은 학교 교육과정의 지향점을 살펴보아야 한다.

학교 실천 과제

1-1-1. 교사별 학급 교육과정 편성

가. 학교-학년 교육과정과 연계한 학급 교육과정 편성

나. 교사의 전문성을 살린 학급 특색 프로그램 편성

1-1-2. 창의·개성으로 편성된 교육과정 재구조화

가.학년별 융합 프로젝트 교육과정 편성·운영

나.특색 있는 교과별 교육과정 재구조화

학년 실천 과제

1-1-1. 창의적인 교사별 학급 교육과정 편성 및 운영

가.학교 교육과 연계된 학년 교육과정 운영

나.교사와 학생이 함께 운영하는 학급 특색 프로그램

1-1-2.동학년 협의를 통한 교육과정 재구조화

가.학기별 2회 학년 프로젝트 운영

나.성취기준 분석을 통한 학급 교육과정 편성

학급 실천사례	
개성	• 교사와 학생이 함께 만들어가는 성취기준 중심 교육과정 운영 • 놀이를 통해 즐겁게 공부하는 놀이 수학 프로그램(학급특색) • 학생들의 생각을 열고, 사고를 촉진하는 질문 만들기 • 학생의 특성을 고려한 교과 교육과정 운영

실천과제 1-1-1. 교사별 학급 교육과정을 편성하기 위해 학교-학년-학급 교육의 방향과 교사의 전문성을 살린 학급 특색 교육 프로그램을 어떻게 연계시킬 것인가?

실천과제 1-1-2. 창의적이고 개성 있는 교육과정 재구조화를 통해 학년별 프로젝트 학습의 구성과 교과별 특색 있는 교육과정을 어떻게 재구조화할 것인가?

교육 목표는 교육역량과 교육 중점, 교육활동으로 연계돼 실천 과제로 세부적인 교육활동이 전개된다. 우리 학교에서 추구하는 관점을 파악해야 연계된 학급 교육과정을 편성할 수 있다.

· 세 걸음 실천해요! ·

1. 우리 학교의 교육 목표와 교육 중점을 분석해 보세요.

2. 교육의 중점을 우리 반에 연계할 방법을 생각해 보세요.

특색 교육 영역:	특색 교육명:		
	활동 주제	활동 내용	편성 시수
			차시

2장

개성 있고 **창의적인**
교사수준 교육과정 만들기

교무와 연구부장을 하면서 새로 전입해 오는 교사들에게 자주 듣는
말은 '학급 교육과정을 왜 편성하나요?'였다.

Question

교사별 교육과정 편성에 관한 법적 조항은 있다? 없다?

정답은 없다.

많은 질문과 협의, 때로는 교사들 간의 언성이 높이지기도 하는 학
급 교육과정을 왜 만들어야 하는지 매년 나 자신에게도 묻는다. 나의
정답은 '만들어야 한다'다.

몇 가지 질문을 던지고 싶다.

질문1. 선생님은 왜 학급 교육과정을 편성하는지에 대해 한 번이라도 진지하게 고민해 본 적이 있으신가요?

질문2. 선생님은 학급 교육과정을 편성한다면 어떤 방법으로 하시나요?

질문3. 학급교육과정을 만들지 않고 학년 교육과정을 편성한다면 학급 운영에 어려움이 없던가요?

질문4. 학년 교육과정만 만든다면 누가 만드나요?

이런 생각을 깊이 있게 고민한 선생님과 하지 않은 선생님의 차이는 교육과정 편성에 깊이 있게 참여를 하시느냐 않느냐의 차이일 것이다. 그렇다면 이렇게 반문을 하시는 선생님들도 많을 것이다. '교육과정 편성에 참여하지 않는다고 교육과정을 편성하지 않는 것이라고 볼수 있는가?'라고 한다면 교육과정 편성에 있어 깊이 있는 협의와 고민을 어떻게 하는가에 대해 반문을 던진다.

연세가 5~60대의 선배 교사들의 말씀을 들어보면 컴퓨터도 없는 시절에도 학급 교육과정을 손수 펜글씨로 쓰면서 만들었다는 이야기를 간혹 하며 힘들었던 시절을 이야기하곤 한다. 지금은 컴퓨터가 발달돼 모든 문서작업이 컴퓨터로 이루어지는데 수많은 양을 손수 글씨로 작성을 하셨다는 말에 존경을 표하곤 했다.

불과 얼마 전까지만 해도 학급 교육과정을 만들었는데 지금은 사라지고 있다는 것은 현시대에서는 교사들이 교육과정에 대해 큰 고민하지 않는다고밖에 해석한다면 큰 파문을 불러오겠지만 가슴에 손을 얹고 우리 교사들이 생각해 보아야 할 문제인 것 같다.

법적 근거를 찾을 수는 없지만 확대하여 해석한다면 초·중등교육법 제23조 제1항에 의거 '학교는 교육과정을 운영해야 한다'에 근거하여 학교장이 학교 구성원의 동의를 얻어 편성한다고 말할 수 있다. 여기에는 찬반 논쟁이 일어날 수도 있지만, 현행 2015 개정 교육과정이 추구하는 교육과정과 교사별 과정중심평가 체제 도입을 본다면 교사는 학급 운영에 있어 학생들에게 가르치고자 하는 교육관이 담긴 교육과정을 편성해야 한다고 주장한다.

국가 수준 교육과정에서 제시하는 성취기준을 근거로 만들어낸 교사용 지도서와 교과서가 있지만, 이것은 하나의 예시 자료의 성격이기 때문이다. 예시 자료의 성격이므로 단위 학교와 학생들의 성향이 각 시도, 지역마다 다르므로 교사는 예시 자료인 교사용 지도서와 교과서로 전 차시를 가르치기에는 한계가 있다. 이런 이유로 우리 교사들은 교육과정 재구조화가 필요하다고 외치며 재구조화를 지금까지 해오고 있다.

이제 학년부장이 편성하고 그걸 그대로 받아서 사용하는 'Ctrl+C' 'Ctrl+V'의 1반부터 끝 반까지 모든 교과 진도 계획이 동일한 교육과정은 이제 벗어나 교사별 교육과정이 편성돼 창의적이고 개성 있는 학급 교육과정을 편성하기를 기대하면서 지금까지 실천해본 경험을 토대로 차근차근 살펴보고자 한다.

첫걸음

학급 교육관을 만들자

선배 교사들은 처음 발령받은 초임 교사들에게 종종 이런 장난을 하곤 한다. "김○○ 선생님, 선생님은 학급 교육관이 무엇인가요?" 이런 질문을 받으면 신규들은 얼굴이 붉어지거나 머뭇거리게 되지만 한편으로는 아주 당

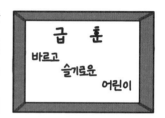

당하게 "네, 선생님, 저희 학급 교육관은 ○○입니다."라고 단도직입적으로 말하는 신규 교사도 있다. 학급 교육관은 경력 교사도 신규 교사도 중견 교사도 모두가 생각하지만 쉽게 나오지 않는다.

학급을 운영하기 위해서는 교사가 추구하는 학급 교육관이 있어야 한다. 교사들은 발령을 받으면 학급을 어떻게 운영해야 할지 고민을 한다. 특히 초등학교 교사의 경우 90% 이상 학급 담임을 맡아야 하는 현실을 생각한다면 더욱 그러하다. 학급 교육관은 담임교사들의 마음속 교직 생활을 하면서 반드시 가지고 있어야 하는 경영철학이다.

학급 교육관은 담임교사가 학생, 학부모에게 1년 동안 학급을 운영

하는 관점을 제시하는 것이므로, 3월 첫 주에 학생과 학부모에게 안내함으로써 학급경영은 시작되게 된다. 교육관은 학생 중심의 관점, 교사 중심의 관점, 학생과 교사 상호관계 중심의 관점 등 다양한 형태를 볼 수 있다. 교사들마다 생각과 추구하는 교육철학의 관점에 따라 달라지므로 학급 교육관은 교사 개인 고유의 산물이라고 할 수 있다.

[주체에 따른 학급 교육관]

교사 중심의 교육관	• 스스로 학습하는 자기 주도적인 학생을 기른다. • 자신의 행동에 책임을 다하는 학생이 되자. • 사랑, 배려, 협동을 실천하자.
학생 중심의 교육관	• 생각하는 힘을 키우는 학생이 생활하는 반 • 배움의 즐거움, 존중, 나눔이 있는 행복한 반 • 나와 네가 함께 만드는 우리 반
학생과 교사 상호관계 중심의 교육관	• 서로 함께 묻고 답하면서 배려하는 우리 교실 • 서로 배려하고 마음을 헤아리는 우리 반 • 바르고 슬기롭고 즐거운 생활이 가득한 행복한 우리 반

진수샘's Tip

• 학급 교육관을 확고하게 가지기는 어렵다. 신규 교사의 경우 3~4년 정도의 교육 경험을 바탕으로 나의 교육관을 만들면 좋다.
• 교육관이 흔들릴 경우는 나의 멘토 교사를 정하여 도움을 받으면 교직 생활을 하는 데 큰 도움이 된다.
※ 멘토 교사는 학교생활에 대해 전반적으로 경험이 많은 부장교사 또는 교육 경력 10년 이상이 좋다.

1. 선생님이 학급교육에서 중요시하는 것 체크해 보세요.

격려	공감	기여	관계	배려	봉사
수용	예의	협력	정의	존중	책임
생태	배움	지혜	창의성	통찰	공동체
겸손	긍정	끈기	성실	성찰	여유
자존감	정직	감동	깨달음	꿈	존중
행복	희망	소통	열정	민주	친절
자유	즐거움	평화	건강	나눔	감사
자율	자부심	인권	신뢰	사랑	돌봄

2. 선생님이 체크하신 것을 기준으로 학급 교육관을 펼쳐보세요.

3. 펼쳐진 생각을 모아 선생님의 학급 교육관을 만들어 보세요.

나의 학급 교육관	

두 걸음

학부모에게 보내는 편지를 써보자

예슬: 어! 다음 주면 5학년이네.
　　　 아빠! 우리 선생님 누구야?
아빠: (모르는 척) 몰라.
예슬: 아빠가 왜 몰라? 아빠 교무부장이잖아!
아빠: 아빠가 교무부장이라고 해도 그건 몰라.
엄마: 정말 몰라요? 우리 예슬이 선생님이 누굴지 정말 궁금하네. 좀 가르쳐줘요.
곧 개학인데.
아빠: 안 됩니다. 1급 비밀입니다.
예슬: 칫! 비밀 지킬게
　　　 가르쳐줘~

　딸 예슬이와 함께 병설 유치원부터 현재 5학년까지 같이 손잡고 학교를 다닌 게 벌써 8년째다. 교무실을 놀이터로 삼을 정도로 학교 생활이 교사들보다 더 익숙한 아이다. 학교가 돌아가는 섭리를 잘 알다 보니 신학기가 되면 예슬이는 항상 이런 질문을 하곤 하여 나를 괴롭힐 때가 많았다.

　2월 말이 되면 학부모와 학생들은 우리 담임 선생님이 누군지에 대해 의문을 갖는다. 이유는 1년 동안 우리 아이와 함께 생활하게 될 담임 선생님이 궁금하기 때문이다. 이런 이유로 2월 마지막 주가 되면 학교 교무실에는 민원전화로 몸살을 앓는다.

> "○학년 ○반 선생님 누구입니까?"
> "어머님, 지금 가르쳐 드릴 수가 없어요."

수화기 너머로 들려오는 큰 목소리는 전쟁의 서막을 알린다. 학교마다 상황이 달라 2월 말에 학생 반편성과 함께 담임교사를 발표하는 학교가 있고, 3월 시업식 및 입학식 때 발표하는 학교가 있다. 본교에서는 반 이동에 대한 민원이 발생하여 후자를 선택하여 매년마다 저런 전화를 받곤 한다.

학기 초 자녀들로부터 담임교사에 대해 듣는 것이 전부인 학부모들은 담임교사에 대한 궁금증을 가져 개학 첫날 아이들을 달달 볶게 되고, 그럼에도 의문이 풀리지 않는 학부모들은 종종 지역 커뮤니티 카페를 통해 담임교사에 대한 정보를 받기도 한다.

이런 담임교사에 대한 궁금증을 한방에 날려 보낼 방법이 하나 있다. 그것은 바로 학부모에게 보내는 편지글이다. 편지 속에는 담임교사 소개, 학급 교육관, 수업을 위한 교재연구의 노력, 학년에서 추구하는 교육관을 중점으로 학급 담임이 추구하고자 하는 교육관이 들어 있으며, 교사의 교육신념이 학교 교육 목표와 연계된 분석표를 연계하면 학부모들에게는 담임교사가 더욱 친절하게 다가오는 느낌을 주곤 한다.

해마다 학부모에게 신뢰감을 주기 위해 한 장의 편지에 모든 것을 담기 위해 머리카락이 빠지는 노력을 한다. 학부모에게 제공되는 글이기 때문에 교사들은 신경을 많이 쓰며 애인에게 보내는 휴대전화 메시지 글귀 하나보다 촉각을 세워야 할 것이다.

■ 인사말
☞ 딱딱한 인사보다는 부드러운 첫인사
■ 교사 소개
☞ 나의 성장 과정, 교사가 된 이유
■ 학급 교육관
☞ 나의 교육관, 학급경영 방향, 교육 중점, 특색 활동 등을 간략하게 언급, 학생들을 바라보는 관점
■ 수업을 위한 교사의 노력
☞ 수업 연구 및 연구회 활동
■ 2020년 담임으로서의 다짐 및 각오
☞ 학부모와 학생에게 바라는 점
■ 손전화 010-○○○○-○○○○
■ 이메일 ○○○@korea.kr

담임교사 ○○ 올림

진수샘's Tip

• 교사의 개인 전화번호는 학교에서 알고 있어야 하기에 교무실에 비상연락망에 기록을 해야 한다. 하지만 학부모 전용 전화번호를 사용하는 경우에는 두 가지를 모두 알려주어야 하지만 학부모에게는 개인정보가 유출되지 않도록 하는 방안을 모색하여야 한다.

▣ 우리 학급 학부모님에게 보내는 편지를 만들어 보세요.

학부모님께

❀ 인사말

_____

_____

❀ 선생님 소개

_____

_____

❀ 학급 경영관

_____

_____

❀ 다짐 및 각오

_____

_____

_____

세 걸음

학급 기초 조사표 작성하자

출처: 『2017학년도 5학년 1반 담임교사 시절』

교감: 학년 발표를 마쳤으니 이제 반편성을 뽑도록 하겠습니다.
김 교사: 으악~ 악동 5학년이야. 1년 동안 어떡하지?
박 교사: 악동도 악동 나름일 겁니다. 반을 잘 뽑아야지요.
강 교사: 혹, 한 반에 몰려 있지 않겠죠?
이 교사: 작년 선생님들께서 반편성을 고루 하셨다고 들었어요. 휴~
정 교사: 이번 5학년에는 조부모, 다문화, 한부모 가정, 기초학력 미달학생들이
　　　　많다고 들었는데, 생활지도와 학습지도가 걱정이네요.
교감: 이번에는 5학년입니다. 앞으로 나오세요.
학년부장: 선생님들 우리 1년 동안 열심히 해봅시다.
　　　　자, 뽑으러 나갈까요?
　　　　(걱정이네 올해 너무 힘들 것 같은데……)

새로운 학년을 배정받게 되면 선생님들의 머릿속에는

'우리 반 아이들은 어떤 아이들일까?'

　2월 새 학기 준비 기간이 되면 내가 맡은 학년과 업무가 제일 궁금하기 마련이다. 과연 희망 학년으로 배정됐을지 1 ~ 2월에 교사들은 궁금증을 찾지 못해 학교 안에 떠도는 온갖 소문들을 모아서 어느 학년으로 배정받았을지 대략 짐작하고 있다.

　담임교사들은 자신이 맞게 될 학년을 전년도 교사들로부터 수소문하여 학년 학생들의 성향, 가정의 실태, 학습 정도, 좋아하는 것과 싫어하는 것, 동학년을 하게 될 교사들의 성향, 교실의 위치, 학생의 성비 등을 알아보곤 한다.

　하지만 여기서 가장 중요한 것은 담임교사가 발표되고 내가 맡을

반을 뽑는 그 순간에 이 모든 판도라의 상자는 열리고 만다. 그러면 이 때부터 담임교사는 더욱 바빠지게 된다.

Step 1. 가정실태 조사서 작성하기

학급 실태분석은 1년 동안 함께 생활하게 될 우리 아이들의 특성을 체계적으로 파악하기 위한 것으로 이를 위해서는 학기 초 자기소개서 및 가정실태 조사서, 반편성 자료를 참고해야 한다. 더욱 세밀한 분석을 위해 담임교사는 학기 초 가정실태 조사서를 가정으로 배부하여 가정에서 각각의 항목에 관한 내용을 세부적으로 작성할 수 있도록 준비를 하여야 한다.

가정실태 조사서 안에는 학생의 생년월일, 거주지 주소, 취미와 특기, 장래 희망, 학생의 건강 상태, 통합교육지원대상 학생, 가정 형태, 소득수준 등의 정보를 학부모에게 제공 받아야 한다. 아주 민감한 사항인 가정 형태와 소득수준 등을 제공받는 이유는 학생들에게 제공해야 할 교육 서비스를 간혹 놓칠 수 있기 때문이다.

학교에서는 한부모 가정, 다문화 가정, 통합지원대상학생, 국민기초생활수급 가정 등에 대해 제공되는 무상 교육 서비스가 많은데 이런 정보를 놓치게 되면 민원의 대상이 되기도 한다.

그러나 교육 서비스 제공에 필요한 정보를 알리기 꺼리는 가정이 있다. 이런 가정을 위해 업무 담당 교사가 해당 가정 학생의 담임교사에게 정보를 제공하는 경우가 있지만, 담임교사가 알게 됐을 때는 제출기한이 끝나 버린다.

자기소개서 및 가정실태 조사서 ○○초등학교 ( )학년 ( )반 ( )번 성명( )						
※ 밝히고 싶지 않은 내용이나 해당 없는 사항 담임교사에게 별도로 알려주시거나 기록하지 않습니다.						
나	이름	(한글)	생년월일		년 월 일	
		(한자)	휴대전화번호			
	주소			혈액형	형	
가족	관계	성명	휴대전화번호			
가족형태		일반 가정( ) 다문화 가정(아버지 국적: 어머니 국적:) 조부모 가정(조부, 조모) 한부모 가정(편부, 편모) 시설 가정(시설명:)				
소득수준		국민기초생활수급 가정( ) 한부모가족보호대상 가정( ) 차상위대상 가정( ) 기타저소득층 가정( )				
○○초등학교에 다니는 형제·자매			친한 친구			
이름			이름			
학년반			학년반			
좋아하는 것			취미, 특기			
장래 희망			관심있는 것			
못 먹는 음식		못 먹는 이유 (우유 및 점심 급식 지도에 참고사항)				
나의 건강 상태 및 선생님께 바라는 점						

Step 2. 우리 반 실태 종합하기

반편성 자료 및 가정실태 조사서를 통해 우리 반의 기초학력 미도
달 학생, 전년도 기준 가정 소득수준, 통합교육지원대상 학생의 자료
등을 알 수 있으며 담임교사는 이런 자료들을 종합하고 분석하여 우리
학급의 기초 실태 조사표를 만들게 된다.

구분	학생 수	기초학력 미달학생	비고
남	15	3	• 통합교육지원대상 1명(자폐)
여	8	2	• 시설가정 1명
계	23	5	
중점사항			• 성비 불균형으로 인해 모둠별 배치에 신경을 써야 함 • 기초학력 미도달 학생이 20%가 넘어 기초학력 향상 계획이 필요 • 통합교육지원대상 학생이 있어 시간표 및 특수 교사와 협의 필요 • 시설가정 학생 가정방문 확인

번호	성명	성별	생년월일	주소	취미특기	장래희망	기초학력 국어	기초학력 수학	기초학력 영어	건강상태	가정형태	소득수준	통합교육지원
1	김○○	남	2008.11.05.	○○아파트 102-501호	공룡수집	공룡탐험가					편모		√
2	조○○	여	2008.05.05.	○○시설원	독서	작가	√	√			시설		
3	박○○	남	2008.1.06.	○○길 25	게임	게임머					일반		

진수샘's Tip

• 학기 초 무상교육 대상자, 다문화 가정, 교육비 지급 대상자에 관련된 사항들을 교육청에서 수요조사 하는 공문이 많아 가정실태 조사서를 통해 가족 형태와 소득수준을 미리 조사해 두면 좋다.
• 가족 형태와 소득수준을 공개적으로 밝히기 꺼리는 가정이 있다. 이런 경우에는 가정실태 조사서 제일 윗칸에 『밝히고 싶지 않은 내용이나 해당 없는 사항 담임교사에게 별도로 알려주시거나 기록하지 않습니다.』라고 기재를 하면 더욱 좋다.

· 세 걸음 실천해요! ·

1. 반 편성 자료를 분석해 봅시다.

구분	학생 수	기초학력미달학생	가족 형태	소득수준
남				
여				
계				

중점 체크 사항	• 학생 성비 • 기초학력 수준 • 가족 형태 • 소득수준 • 기타

2. 우리 반의 기초 실태 분석표를 만들어 봅시다.

구분	학생 수	기초학력 미달학생	비고
남			
여			
계			
중점사항			

번호	성명	성별	생년월일	주소	취미특기	장래희망	기초학력			건강상태	가정형태	소득수준	통합교육지원대상
							국어	수학	영어				
1													
2													
3													

추가할 영역이 있다면 무엇이 있을까요?	• • •

2장. 개성 있고 창의적인 교사수준 교육과정 만들기 • **157**

네 걸음

학급 실태를 분석하자

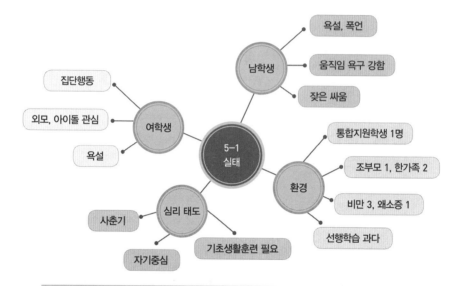

신규 교사 A: 선생님! 우리 학교 학급 실태를 분석하는데 뭐가 뭔지 모르겠어요?

경력 교사 A: 실태 분석하기 어렵죠? 선배님 시절에는 학생 수가 50명이 넘었죠? 제가 국민학교 시절 지금은 초등학교죠. 그때 저희 반 학생 수가 52명이었거든요...

경력 교사 B: 맞아요. 그 시절 학생 수가 50명이 넘어 교실이 닭장 같았죠. 그 시절을 생각하면 어떻게 가르쳤는지 모르겠네요.

경력 교사 A: 그 많은 학생 개개인 실태를 파악하시려면 어려움이 많으셨겠어요?

신규 교사 B: 우와! 50명... 지금은 그 시절에 비하면 1/2이네요.

경력 교사 B: 그래서 개개인 실태분석이 필요하죠. 그런데 컴퓨터가 없는 시절이라 업무일지에 학생 신상표가 있었어요.

신규 교사 A: 학생 신상표요???

위 대화를 살펴보면 학급별 학생 수에 대한 실태분석의 고민이 들어 있다. 내가 80년대 '초등학교'를 다녔을 시절에는 좁은 교실 속에 학생 수가 52명이었다. 4개 분단에 2명씩 6~7줄로 앉았는데, 분단과 분단 사이가 좁아 지나가는 통로에서 친구들끼리 싸움이 일어나기도 하고 장난을 치다가 다치는 경우가 많았다.

지금은 전국의 학급 인원수가 30여 명에서 최소 1명일 정도이다. 매년 뉴스 기사로 학생 수가 줄어드는 것을 확인할 수 있다.

2019년 9월 19일 교육부에서 발표한 「OECD 교육지표 2019」결과에 따르면 2017년 우리나라의 교사 1인당 학생 수는 초등학교 16.4명, 중학교 14.0명, 고등학교 13.2명으로 전년보다 감소했으나, 초등학교 및 중학교는 OECD 평균보다 높다고 발표했다.

〈교사 1인당 학생 수 및 학급당 학생 수('17년 기준)〉

구 분	교사 1인당 학생 수			학급당 학생 수	
	초등학교	중학교	고등학교	초등학교	중학교
한 국	16.4	14.0	13.2	23.1	27.4
OECD 평균	15.2	13.3	13.4	21.2	22.9

※ 교사: 기간제 교사 포함 수업교사(주업무가 수업이 아닌 교사 제외, 휴직자 포함)

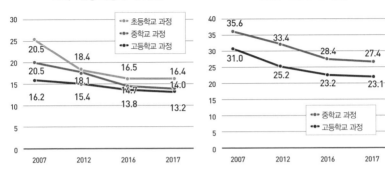

교사 1인당 학생 수 추이(명)

| | 초등학교 과정 | 중학교 과정 | 고등학교 과정 |

20.5 18.4 16.5 16.4
20.5 18.1 14.7 14.0
16.2 15.4 13.8 13.2

2007 2012 2016 2017

학급당 학생 수 추이(명)

35.6 33.4 28.4 27.4
31.0 25.2 23.2 23.1

| | 중학교 과정 | 고등학교 과정 |

2007 2012 2016 2017

『출처: 교육부 2019. 9. 9.(월) 보도자료

　실태 분석은 신규 교사뿐만 아니라 경력 교사들에게도 어려운 일이다. 교실 속 아이들의 개인 성향을 분석하는 데에는 많은 시간과 노력이 필요하다. 그중에서 학급 교육과정 편성에 필요한 교과, 창의적 체험활동, 학급 특색 교육에 필요한 학습, 태도, 심리, 학습 여건 등 다양한 영역을 분석하려면 체계적인 분석 관점이 필요하다.

　실태 분석을 하려면 어떤 과정을 거쳐야 할까? 앞서 '셋째 걸음'에서 학생들의 기초실태 분석을 했다. 이 분석표를 종합한 결과를 펼쳐 놓고 반편성 자료, 가정실태 조사서, 그리고 전년도 학년 교육과정과 학급 교육과정의 반별 실태 분석표를 참고하면 좋다. 통합교육지원 대상 학생이 있는 경우에는 특수 교사와 협의를 하여 해당 학생에 대한 IEP, 즉 개별화 교육 프로그램(Individual Education Plan)을 참고하면 좋다.

Step 1. 성비를 살펴보자

우리 반 학생의 성비를 살펴보자. 학급 구성이 적게는 1명, 많게는 30여 명이 되는 게 대한민국 초등 교실의 현실이다. 학급반 편성표를 참고하여 우리 반의 성비를 파악하고 성비에 따른 자리 배치, 모둠 구성, 성차에 따른 재구성이 필요한 교과 재구성 등을 파악 후 학급 교육과정 편성에 주안점을 두어야 한다.

영역	실 태	시 사 점
성비	• 남학생 vs 여학생 비율 1.4:1 • 적극적 vs 소극적인 학생 1:1 • 비만 학생 15%(4명) • 통합교육지원학생 자폐성 장애 1명	• 성비 불균형으로 인한 자리 배치 조정 필요 • 모둠구성시 적절한 인원 배치 필요 • 중간놀이 시간을 활용한 신체움직임 운동 필요 • 학급 생활을 지원할 도우미 학급 회의로 결정

학급교육과정 차후 반영사항	• 학생 성비: 남학생이 많아 자리 배치 고려 • 모둠구성: 4명으로 구성, 적극적 학생과 소극적 학생 1:1비율로 구성 • 체육교과 실습 시 여학생을 위한 집단 조직 필요 • 비만 학생을 위한 신체 움직임 놀이 구성(아침, 중간놀이, 점심시간 등을 이용) • 통합교육지원대상 학생이 소외되지 않도록 학급 분위기 조성 필요 ☞ 특수 교사와의 주기적인 협의

Step 2. 학습면을 살펴보자

학습실태 파악은 제일 어려운 부분이다. 최근 5년 전부터는 학생들에 대해 학습 부담을 경감하고자 「일제평가」 폐지를 각 시도교육청에서 발표했다. 이에 대해 학부모, 교사들은 평가 폐지에 대한 학력 저하를 걱정했지만, 현재까지는 큰 문제없이 교사들이 계획한 교사별 평가에 의해 다양한 방법으로 과정중심평가가 이루어지고 있다.

일제 평가 전까지만 하더라도 학년말 반편성시 중간 및 기말평가를 종합한 결과로 조직을 했다. 3개 반일 경우 전체 1등부터 3등까지 한 반씩 배정하고 4등부터는 역순 또는 'ㄹ'자 순으로 해 온 경험이 있다. 이렇게 한 이유는 한 반에 상위 학생들이 몰리지 않도록 배분한 것인데 일제평가가 폐지된 이후로는 학생들의 수행평가를 종합하여 배정해야 하기 때문에 반편성에 어려운 점이 있다.

숫자로 볼 수 있는 일제평가가 폐지돼 교사들에게는 어려움이 있지만, 학기 초에 실시하는 진단평가에서 교사들은 평가 결과를 볼 수 있다. 진단평가 5개 교과의 결과를 통해 우리 반 학생들의 학업 도달도를 판단할 수 있고, 전년도 학업에서 교과별로 부족한 영역을 파악할 수가 있다.

여기에 더하여 참고할 수 있는 추가 자료로는 전년도 학년 자료(학년 교육과정, 학급 교육과정, 평가 자료 등)가 있다. 이를 참고하여 학생들의 교과 특성을 분석하고 학생들의 학습 성향, 학습 태도, 교과별 부족한 영역, 선행교육 정도를 분석할 수가 있다.

영역	실 태	시 사 점
학습 및 태도	• 자기주도적 학습이 정착돼 스스로 학습 가능 • 대부분의 학생들이 선행학습이 이루어짐 • 자료조사 및 분석 등의 모둠학습 형태의 수업 가능	• 창의융합교육활동 전개로 창의력 UP • 차시 재구성으로 학생 참여형 활동 전개 • 학생 참여형 주제 중심 및 프로젝트 수업 전개
교과	• 대체로 학습 성취도가 우수함(평균 92점) • 진단평가 결과 수학에서 수와 연산에 대한 결손 발생	• 학습 미도달 학생들을 위한 개별 맞춤형 지도 필요 • 수학「수와 연산」결손 부분에 대한 보충학습 시수 편성 필요
창의적 체험 활동	• 봉사의 필요성을 느껴줄 교육활동 필요 • 담임교사 지도의 동아리 활동으로 제한적인 경험	• 나눔과 봉사의 의미 실천하는 프로젝트 운영 • 학년군 1인 1동아리를 통한 자율동아리 확대 편성

학급 교육과정 차후 반영사항	• 수와 연산에 대한 결손 부분 보충을 위한 담임 재량시간 확보로 보충 시수 4시간 편성 • 선행학습으로 인해 학습에 대한 흥미 부여 ☞ 차시별 재구성이 필요 • 기본 학습훈련이 잘돼 모둠을 활용한 주제 중심 및 프로젝트 수업 전개 가능 • 전년도 교사의 의견을 수렴하여 동아리 및 봉사활동에 대한 경험의 폭 확대

Step 3. 학부모의 관심도를 살펴보자

PISA는 만 15세 학생의 읽기, 수학, 과학 소양의 성취와 추이를 국제적으로 비교하고, 교육 맥락 변인과 성취 사이의 관계를 파악하기 위해 3년을 주기로 시행되는 국제 비교 연구이다. 전 세계 79개국 71만 명이 참여한 결과 우리나라 국제 학업성취도 결과를 교육부는 아래와 같이 종합했다.

구분	읽기			수학			과학		
	평균점수	순위		평균점수	순위		평균점수	순위	
		OECD (37개국)	전체 (79개국)		OECD (37개국)	전체 (79개국)		OECD (37개국)	전체 (79개국)
대한민국	514	2~7	6~11	526	1~4	5~9	519	3~5	6~10
OECD 평균	487			489			489		

『출처: 교육부 2019. 12. 3.(화) 보도자료』

우리나라 학부모의 교육열은 세계 최고 수준이다. 그만큼 학업에 대한 관심도가 높다는 것이다. 개인정보 수집에 대한 제한 조건이 많지 않은 시절 우리는 부모에 대한 인적 사항을 세부적으로 알 수 있었다. 학기 초 가정실태 조사서를 아래와 같이 보낸 적도 있었다.

부모 인적사항	관계	성명	연락처	나이	직업	학력 수준
	부					
	모					

10년 전에 조사를 해보았을 때, 우리 반 70% 이상의 학부모가 대학을 졸업한 고학력자였다. 그중에서 석사와 박사의 학력도 약 5%였다. 그렇다고 강남이나 분당에서 근무한 것도 아닌 지방 소규모 도시인데

말이다.

학교의 상황에 따라 다르지만, 우리나라 학부모의 대학 졸업률은 꽤 높을 것이다. 그만큼 학부모의 수준이 높아졌고, 이에 따라 학교와 담임교사를 바라보는 시각도 높을 것이다.

스마트폰의 대중화로 인해 시시각각 전해지는 뉴스와 수많은 정보를 쉽게 접할 수 있는 현대사회에 학부모가 얻는 교육 정보도 방대해졌다. 이런 높은 수준을 맞추려면 교사도 학부모의 관심도를 면밀하게 살펴 전부 받아들일 수는 없더라도 교육적 요구사항을 분석할 필요는 있다.

영역	실 태	시 사 점
학부모 교육 요구사항	• 학업성취도에 관한 관심이 높아 학교 교육을 신뢰 • 대부분 사교육에 참여시킬 정도로 교육열이 높음 • 자녀의 교육활동에 관심이 많고 학습 조력자 역할을 함 • 자녀의 인성교육에 관한 관심이 높음 • 자녀의 진로지도에 대한 이해도 낮음	• 공교육을 신뢰할 수 있는 믿음 제공 • 높은 교육열을 만족시킬 교육 프로그램 운영 • 자녀의 학습을 보조해 줄 학습과제 제공 • 인성교육 중심수업 전개로 인성 의식 UP • 체계적인 진로지도로 진로 인식 UP

학급 교육과정 차후 반영사항	• 학부모와의 소통 공간 마련 ☞ 밴드 or 학급 홈페이지 or 블로그??? • 인성을 키워줄 교육 고민 • 학부모를 활용한 진로 교육은?

- 학교마다 자료의 보관 방법이 다르다. 보통 학년 교육과정과 학급 교육과정에 대한 자료는 개인 자료가 있다 보니 학년말에 폐기하는 경우가 많은데 이러다 보면 다음 해 교사들이 참고할 자료가 사라지게 된다. 이를 방지하기 위해 개인 자료는 빈칸으로 놓고 홈페이지 탑재용 파일을 별도로 만들어 학교 홈페이지 교사 자료방에 탑재하면 필요할 때 활용할 수 있다.

※ 학교 홈페이지 교사 자료방은 비공개로 해두어야 한다.

- 학기 초 학부모 상담을 통해 학급 학생들에 대한 상세한 정보를 얻을 수 있다.

※학부모 상담은 모두 하는 것이 좋다. 방문이 어렵다면 전화 상담 또는 편지 상담을 병행하는 것도 좋다.

▣ 학급 실태를 분석해 봅시다.

영역	실 태	시 사 점
성비		
학습 및 태도		
교과		
창의적 체험 활동		
학부모 교육 요구 사항		

학급 교육과정 차후 반영사항	

다섯 걸음

통합교육지원대상 학생을 포용하자

학생들이 꾸민 학급 명패 (출처: 『목포한빛초등학교 통합지원교실』)

2017년 2월 24일 교단일기

4년간의 정든 학교를 떠나 새로운 학교 첫 출근길은 마음이 항상 설렌다. 새로운 학교는 새 출발을 하는 느낌이라 언제나 새롭다. 하지만 생각지도 못한 통합교육지원 학생이 우리 반이라니 갑자기 두려움이 찾아온다. 처음은 아니지만, 매번 힘들었던 경험이 있어서 그럴까 벌써 긴장이 된다.

청각장애 학생은 처음이라 준비해야 할 게 많을 것 같다. 특수 교사와의 협조가 매우 필요할 것 같은데 협조는 잘 이루어질까?

〈준비사항〉

-학부모와의 상담, 특수 교사와의 협조, 학생과의 래포 형성

-자리 배치, 도우미 학생, 우리만의 신호……

통합교육지원대상 학생 즉, 인지적·신체적 장애로 인해 전반적인 학교생활에 있어서 특수교육은 물론, 특수교육 관련 서비스 및 지원을 필요로 하는 학생을 말한다. 필자가 통합교육지원대상 학생을 단순히 '장애 학생'이라고 표현하지 않는 이유는 실수를 범하지 않기 위해서이다.

우리 반 학생에 대해 '장애'라는 단어를 가장 먼저 앞세워 한쪽으로만 판단하지 않고 다양한 방향으로 해석할 수 있는 유연한 마음과 특별한 재능을 발견할 수 있는 통찰력이 우선 돼야 한다. 그래야 비로소 비장애 학생과 장애 학생 모두 차별 없이 편안한 '어울림'이 있는 반으로 만들어 갈 수 있을 것이다.

'학교에 특수 교사가 있나요?'

우리는 학급수를 보고할 때 특수학급 수를 포함해서 보고한다. 예를 들어, 우리 학교가 17학급에 특수학급 2학급이면 19⑵학급으로 보고를 한다. 이는 특수학급이 포함돼 있다는 것을 뜻하는 것이다.

특수학급, 학교마다 불리는 이름이 다양하다.

늘품반, 통합교육지원반, 도움반, 어울림반

특수학급이라는 이미지를 바꾸고자 특수 교사들은 학급 이름에도 신경을 많이 쓴다. 도움반이라는 의존적인 성격을 탈피하고자 반 명칭에도 많은 변화를 불러왔다. 이처럼 통합교육지원대상 학생이 일반 학생과 차별성을 가지지 않게 하려면 우리 교사들은 어떤 마음과 자세를 가져야 할까?

통합교육지원대상 학생이 학급 내에 있으면 일반 학급을 경영할 때와는 상황이 달라진다. 1명이 10명의 몫을 할 때도 있고 1명이 1명으로서의 몫을 할 때도 있기 때문이다.

작년 초 상황이다. 아끼는 후배 교사가 있는데 상동행동을 보이는 자폐성 성향을 지닌 학생을 맡게 됐다. 상동행동 외에도 자폐의 특성상 가끔 혼자 있는 듯 시선을 피하며 수업과 관련 없는 질문을 하거나 알 수 없는 행동을 하여 학급 분위기를 종종 망칠 때가 있다고 했다.

물론 아이 입장에서 생각해 보면 교실의 물리적 환경이 적절하지 않고 감각적 자극을 선택적으로 집중하는 데 어려움이 있어 정말 참다 참다 가끔 나오는 행동 습관인지도 모른다. 그러나 30여 명이 함께 어울리며 지내야 하는 공간인 교실은 누구에게나 최대한 공평한 조건을 필요로 한다. 만약에 조용한 수업 시간에 일어나서 뜬금없이 손을 흔들거나 좋아하는 한 친구의 이름을 수시로 부른다면 하루하루가 고민일 것이다.

어느 정도 경력이 있고 학생의 성향을 잘 이해하는 경험 많은 교사라고 할지라도 통합교육지원 대상 학생을 맡게 된다면 이러한 상황에서 책임감과 중압감으로 인해 느끼는 어려움은 누구나 공감할 것이다.

Step 1. 특수 교사를 만나자 (개별화 교육지원 협의회)

특수교육대상 학생이 우리 반에 있다면 학기 초, 특수 교사와의 긴밀한 협의 과정이 필요하다. 협의내용으로는 해당 학생의 장애 정도와 특성 파악, 알아두어야 할 특별한 주의사항(식습관·건강정보 등), 특수학급과의 수업시간표 조율, 특수교육실무사 지원 여부, 학교 행사 및 기타 특수교육 관련 치료 서비스 내용 등을 의논하게 되는데 '개별화 교육지원팀 협의회'라고 한다.

개별화 교육계획과 실행과정을 특수 교사와 담임교사, 학부모를 핵심 팀원으로 회의를 진행하고 때에 따라 교감 선생님, 특수교육실무사가 참여하기도 한다.

앞서 말한 것처럼 이러한 협의회 과정을 보통 학기 초 3월 둘째 주부터 시작하여 4주 전에 실시하는데 2월 말, 전 직원 출근일에 우리 반이 결정되고 학생명단 비고란에 [특수교육대상]이 있으면 되도록 빨리 특수 교사와 인사를 나누고 최대한 친화적 분위기를 만들기를 권한다.

Step 2. 개별화 교육계획(IEP)을 확인하자

개별화 교육계획(IEP) 수립을 위한 협의회가 진행되기 전에 담임교사로서 협의회 진행시 특수 교사에게 확인할 해당 학생에 대한 정보와 특수교육 지원 영역, 통합교육에 대한 궁금한 점, 담임교사로서 제안

하거나 협의할 점 등을 미리 생각하여 기록해두어야 한다.

왜냐하면 협의회 진행 중에는 해당 학생에 대한 수업의 방향과 제반 행정 사항 안내뿐만 아니라, 그에 따르는 역할 분담과 책임을 분명히 하는 일련의 과정을 담는 최종 문서이므로 통합학급 담임교사로서 적극적으로 의견을 제안하거나 다른 의견에 대해 근거를 들어 조율할 수 있어야 한다.

예를 들어 기본적으로 해당 학생은 우리 반('원적학급' 또는 '통합학급'이라고 부른다)에서 사회, 과학, 예체능 등의 교과과목을 이수한다면 특수학급에서는 '국어', '수학' 등의 주지 교과를 배울 수 있다. 이러한 세세한 조정까지도 개별화 교육지원 협의회에서 진행된다.

그런데 담임교사가 이를 모르고 아무 준비 없이 협의회를 간다면 일방적인 안내만을 듣고 오게 된다. 따라서 우리 반이 일 년간 함께 어울려 지낼 수 있는 완벽한 통합학급이 되기 위해서는 적어도 해당 학생을 위한 나름의 판단과 제안을 생각해두자.

Step 3. 상담을 반드시 하자

학부모들은 통합교육지원대상 학생의 담임을 누구로 생각하는 경우가 많을까? 바로 특수 교사이다. 그런데 잘 생각해 보면 실제적인 담임은 바로 우리다. 어떻게 보면 통합교육지원대상 학생은 2명의 담임교사를 갖게 되는 셈이다.

특수 교사가 모든 것을 해줄 수는 없다. 그러므로 일반학생처럼 대하고 상담과 학부모와의 주기적인 연락을 취해야 한다. 통합교육지원 대상 학생 학부모들은 피해의식을 갖는 경우가 종종 있다. 이로 인해 담임교사에 대한 불신이 쌓일 수도 있고 오해를 불러일으키기도 한다.

상담 과정을 통해 학생에 대한 부분을 면밀하게 관찰하고 학부모에 대한 성향도 파악하여 학급 운영에 있어 협조가 잘 될 수 있도록 해야 한다. 이는 상호 신뢰를 주는 관계 형성을 통해 긍정적인 상호관계가 구축되기 때문이다.

Step 4. 역할 분담 및 협조 관계를 갖자

담임교사와 특수 교사가 협조해야 할 것은 많다. 학생은 한 명이고, 담임교사가 두 명인 것과 같기에 상호 협조를 해야 할 것들이 많다. 학급 시간표 작성, 평가 방법, 나이스 출결 관리, 체험학습 참가 여부, 체험학습 때 특수 교사의 동참 여부, 상담, 특수교육 실무사의 수업 보조 여부 등 체계적으로 관리해야 할 사항들을 확인하여 상호 협의해야 한다.

특수 교사와의 협조는 매우 중요하다. 특수 교사도 일반교육과정을 연구하고 고민한다. 전문성을 가진 동일한 전문가이기에 일반학급 교사는 도움을 받을 것이 많다. 간혹 특수 교사와 사이가 좋지 않은 교사들을 보면 학생의 성향을 제대로 파악하지 못하고, 전권을 특수 교사에게 맡겨버리기 때문에 학교 현장에서 다툼이 일어나는 것을 보게 된다.

아래의 역할 분담을 보면서 선생님도 고민해볼 필요가 있다. 무엇을 어떻게 역할 분담을 하여 함께 이끌어갈 것인지 생각해보라.

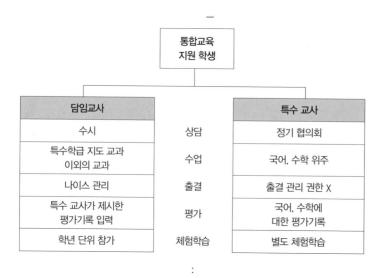

통합교육지원대상 학생은 특별하지도 일반적이지도 않다. 한 명의 학생이고 동등한 인격체이다. 우리 학급 구성원 중 한 명이지만 교사의 보살핌이 조금 더 필요할 뿐이다. 교사가 먼저 다가가고 관심을 가지고 무엇을 하고 싶은지 파악한다면 통합교육지원대상 학생은 담임교사를 가장 좋아하고 담임교사가 최고라고 할 것이다.

	우리 ○○이를 위해 또 우리 반 모두를 위해
교사의 고민	• 어떤 학급 규칙이 필요할까?
	• 특수 교사와 특수교육실무사에게 어떤 지원과 협조를 받을까?
	• 교과 시수와 학교 활동 및 행사는 어떤 식으로 분배하거나 역할을 나누어야 할까?
	• 학생에 대해 알아야 하거나 궁금한 점은 없는지?
	• 특수 교사와 학부모에게 미리 알려야 할 사항은 없는지?
	• 먼저 내가 해야 하거나 앞으로 채워 나가야 할 것들은 어떤 것이 있는지?

진수샘's Tip

• 반배정을 받으면 특수 교사와의 티타임을 가져라. 학생에 대한 특성을 제일 잘 알고 있기 때문이다. 1년 동안 나의 함께 할 동반자라고 생각하면 더욱 좋다.

• 통합교육지원대상 학생이 무엇을 좋아하는지 빨리 파악하라. 청각장애 학생이 책을 너무 좋아해서 친구들에게 관심을 돌리기 위해 월마다 블록 교구를 제공하여 친구들과 함께 할 수 있는 사교 시간을 마련했다. 효과는 '대박'이었다. 말도 없던 학생이 졸업해서도 박진수 선생님이 최고라고 한다. 바로 관심의 효과였다.

■ 통합교육지원대상 학생을 위해 담임교사로서 할 수 있는 것을 찾아봅시다.

여섯 걸음

우리 반 시간표를 만들자

학생1: 선생님, 이번 주 공휴일로 인해 체육을 못 했어요. 체육은 주당 3시간
이니까 꼭 해야 해요.
학생2: 맞아요. 꼭 해야 해요.
담임: 애들아, 매주 3시간 하는 건 아닌데...
학생3: 다른 교과는 안 돼도 체육은 3시간을 지켜야 합니다.
학생들: 와~~~ 체육 체육 체육 체육 체육
담임: 그런 게 어딨어?
학생4: 저기 벽에 걸린 시간표를 보세요. 체육이 3시간 돼 있잖아요.
담임: (아차~ 바꿨어야 하는데...)
　　 하하하! 주간학습 안내를 보세요. 이번 주 체육은 1시간입니다.
학생들: 헐~~~~~~~~~~

　　학교 현장에서 많이 볼 수 있는 모습이다. 학생들은 체육을 제일 좋
아한다. 움직임과 경쟁, 도전 등 다양한 활동을 경험할 수 있고 스트레
스를 풀 수 있는 교과기 때문이다. 우리 아이들에게 주당 시수 개념이
확고하게 있는 유일한 교과다. 만약 제일 싫어하는 수학과 영어 시간
이 공휴일에 있었다면 어떠했을까?

기초시간표는 주당 시간 시수 개념이 사라진 개정 교육과정에서는 그다지 중요하지 않지만, 우리 교사들은 보통 교과별로 주당 시수 개념을 아직 가지고 있다. 주당 시수란 교과별로 학년에서 이수해야 하는 기준 시수에 교육과정 시간 배당 기준에 따른 34주를 나누면 교과당 주당 시수가 나타난다. 이 시수를 교과별로 합산을 하면 학년별 주당 평균 시수가 다음과 같이 나오게 된다.

[학년별 주당 교육 시수]

학년＼요일	월	화	수	목	금	계
1	4	5(4)	4	5(4)	4	22(20~21)
2	4	5(4)	4	5(4)	5	23(20~22)
3	6(5)	5	5	6(5)	5	27(24~26)
4	6(5)	5	5	6(5)	5	27(24~26)
5	6	6	5	6	6	29
6	6	6	5	6	6	29

담임교사는 학년별 주당 평균 수업 시간 배당 수를 기준으로 교과와 창의적 체험활동을 포함한 우리 반의 기초시간표를 편성하게 된다. 7차 교육과정까지만 하더라도 주당 시수의 개념으로 시간표를 편성돼 매주 시간표가 고정된 형태로 학년말이 끝날 때까지 교실 벽에 붙어 있었다.

그러나 학년군별 국가 기준 시간 수가 제시됨으로써 단위 학교에서는 학년군별 이수 시간을 조정할 수 있게 됐고 이에 따라 주당 시수의 변화가 생기게 됐다.

하지만 단위 학교에서 주당 시수의 증감에 대한 부담감에서 벗어나기를 두려워하고 망설이는 결과, 주당 시수를 답습하게 되고 이런 주당 시수에 익숙한 교사들이 변화하기를 싫어하는 경향이 생겨나고 있다.

이런 한 예로 우리 학생들이 가장 좋아하는 체육을 들 수 있다. 주당 시수 개념으로 하면 주당 3시간을 하며, 1시간이라도 빠지는 날에는 아이들로부터 큰 원성을 듣게 되는 경우가 종종 있다.

기초시간표를 작성하는 이유는 NEIS에 입력해서 반별 시간표를 생성해야 하는 이유도 있겠지만, 중요한 이유는 우리 반 학생들의 상황과 고정된 전담 시간표 때문이기도 하다. 우리 학급이 통합교육지원대상 학생이 없는 경우라면 담임교사는 학생들의 특성과 전담시간을 고려하여 교사 편의상 기초시간표를 생성하지만 통합교육지원대상 학생이 있는 경우라면 상황은 많이 달라진다.

Step 1. 일반학급의 시간표를 알아보자

일반 학급의 기초 시간표 편성은 학교에서 편성된 교과 전담 시간표를 참고로 편성된다. 교과 전담 시간표의 시간 분포를 기준으로 교사들은 교과별 주당 시수를 고려하여 시간표를 작성한다. 기초시간표 작성 시 교사 성향에 따른 편성, 학생의 특성을 고려한 편성 등 다양한 방법에 따라 편성이 되고, 이에 따른 시간표도 재미있게 구성할 수 있다.

아래 교과 전담 시간표를 기준으로 다양한 시간표를 만들 수 있다.

교과 전담 시간표

교시 \ 요일	월	화	수	목	금
1					
2					
3	영어	체육		음악	
4	음악	체육		영어	
5		영어	체육		
6					

1. 주지교과 위주의 편성

보통 학급에서 볼 수 있는 시간표이다. 3~4교시에 교과 전담 시간이 편성돼 있어 담임교사들은 아침에 주지 교과를 편성하곤 한다. 아침과 오후에 주지교과 위주로 편성되고 금요일은 아이들이 좋아하는 비주지 교과로 편성하는 경우를 볼 수 있다. 반대로 학생들의 입장에서 본다면 아래의 시간표를 좋아할까? 아침부터 주지 교과가 편성돼 뇌의 활성화를 기대하기는 조금 어려울 것 같다.

교시 \ 요일	월	화	수	목	금
1	국어	국어	국어	국어	과학
2	국어	수학	국어	수학	과학
3	영어	체육	수학	음악	미술
4	음악	체육	도덕	영어	미술
5	수학	영어	체육	과학	실과
6	사회	사회		창체	실과

2. 예체능 위주의 편성

아침 9시에 수업을 시작한다고 가정했을 때 우리 아이들은 보통 몇 시에 자고 일어나는지 파악할 필요가 있다. 8시에 일어나 밥을 먹고 학교에 온다면 학생들의 뇌의 활성화 정도는 어떨까? 뇌 연구에 따르면 뇌가 가장 활발하게 활동하는 시간은 오전 10시에서 12시 사이라고 한다.

이 시간은 뇌의 판단력과 사고력이 최고조에 있다고 한다. 단기 기억력이 높아지고 쾌감 호르몬이 활발하게 나오므로 어려운 문제를 풀거나 창조적 발상이 필요할 때는 이 시간에 주지 교과를 편성하는 것이 좋다.

요일 교시	월	화	수	목	금
1	도덕	실과	실과	과학	창체
2	사회	사회	수학	과학	과학
3	영어	체육	국어	음악	사회
4	음악	체육	국어	영어	수학
5	미술	영어	체육	사회	국어
6	미술	국어		국어	국어

Step 2. 통합교육지원대상 학생이 있는 학급의 시간표를 알아보자

통합교육지원대상 학생은 통합교육지원반(일명 도움반이나 늘품반이라 불리는 특수교육대상 학생이 별도의 교육을 받는 교실)의 시간표도 고려하자. 보통 통합교육지원대상 학생은 통합교육지원반에서 주로 국어, 수학 교과의 도움을 받고 나머지는 원적학급인 일반 학급에서 통합교육을 받기 때문에 통합 학급 담임교사는 통합교육지원대상 학생의 시간표를 고려하여 기초시간표를 생성해야 한다.

담임교사는 통합교육지원대상 학생이 통합교육지원반에서 수업을 받는 시간에 일반 학생과 국어, 수학 학습을 하며, 통합학습이 이루어지는 시간에 일반 학생과 통합교육지원대상 학생이 함께 할 수 있는 교과의 시간으로 편성해야 한다. 이는 학생의 학습권 보장 측면에서 반드시 이루어져야 한다.

통합교육지원반 시간표는 통합학급 교사들과 협의로 편성한다. 그러나 보통 한 반에 3~6명의 학생으로 구성돼 있기 때문에 통합학급 교사들이 원하는 수업시간표가 나오기 어려울 수 있다. 통합교육지원반의 시간표에 따라 1, 2교시에 교과 수업이 편성된다면 교과 전담 시간표를 고려할 때 주지 교과 시간이 오전에 편성되는 현상이 일어날 수 있다.

그러나 앞에서 말한 바와 같이 학급의 실태를 고려해서 우리 반 시간표를 다시 한 번 고려해보아야 한다.

교과 전담 시간표

교시 \ 요일	월	화	수	목	금
1					
2					
3	영어	체육		음악	
4	음악	체육		영어	
5		영어	체육		
6					

통합교육지원대상 학생 시간표

교시 \ 요일	월	화	수	목	금
1	국어	국어			국어
2	수학	수학			국어
3			국어	수학	
4				국어	
5					
6					

통합지원학급을 고려한 일반 학급 시간표

교시 \ 요일	월	화	수	목	금
1	국어	국어	실과	미술	국어
2	수학	수학	실과	미술	국어
3	영어	체육	국어	수학	과학
4	음악	체육	사회	국어	과학
5	사회	영어	체육	음악	사회
6	과학	창체		영어	도덕

Step 3. 프로젝트 수업 학급의 시간표를 알아보자

프로젝트 수업을 해본 적이 있다? 없다?

정답은 교사 선생님 자신이 알고 있을 것이다. 프로젝트 수업은 성취기준을 분석하여 주제를 학생들과 협의하고 수업을 구성하는 과정을 거쳐야 하기에 교사들의 선호도가 낮은 편이다. 하지만 프로젝트 수업을 할 때는 시간표 편성에 신경을 써야 한다.

1. 프로젝트 수업과 일반 수업 병행 시간표

프로젝트와 일반 수업을 병행할 때는 프로젝트에 필요한 교과의 시수를 분석하여 차시별 순서에 맞게 편성하고 그 외 시간은 일반 수업과 전담 교과를 배치한다. 이 경우 전담 교과 시간을 피해서 배치를 하여야 하고, 프로젝트 수업이 편성된 이외의 교과를 일반 교과 시간으로 편성해야 하는 유의점이 있다. 한 교과를 집중적으로 할 수 있는 프로젝트 수업의 특성상 학생들이 힘들고 지칠 수 있기에 교과를 고루 분배할 필요성이 있다.

요일 / 교시	월	화	수	목	금
1	프로젝트	프로젝트	프로젝트	프로젝트	프로젝트
2	프로젝트	프로젝트	프로젝트	프로젝트	프로젝트
3	전담 교과	전담 교과	프로젝트	전담 교과	일반 교과
4	전담 교과	전담 교과	프로젝트	전담 교과	일반 교과
5	일반 교과	전담 교과	전담 교과	일반 교과	일반 교과
6	일반 교과	일반 교과		일반 교과	일반 교과

2. 프로젝트 수업 위주의 시간표

프로젝트 수업 위주로 편성된 시간표는 교사의 노력이 더욱 필요하다. 프로젝트 수업은 학년이나 학교 단위로 이루어지는 경우가 많으며 프로젝트 운영을 위해 약 20차시 이상의 시수가 필요하다. 이를 위해 학기초 또는 학기 시작 전부터 사전 계획을 통해 별도의 시수를 편성해야 하는데, 학급 단위로 혼자 하기에는 어려움이 따른다.

1주일 단위의 프로젝트를 운영하면 수업 운영에 대한 효율성과 완성도는 높을 수 있지만, 학생들과 교사들의 피로도가 높다. 이런 이유로 프로젝트 수업 사이에 교과 전담 시간을 편성·운영하여 휴식 및 준비 시간을 가질 수 있도록 편성하는 경우도 있다.

요일 교시	월	화	수	목	금
1	프로젝트	프로젝트	프로젝트	프로젝트	프로젝트
2	프로젝트	프로젝트	프로젝트	프로젝트	프로젝트
3	전담 교과	전담 교과	프로젝트	전담 교과	프로젝트
4	전담 교과	전담 교과	프로젝트	전담 교과	프로젝트
5	프로젝트	전담 교과	전담 교과	프로젝트	프로젝트
6	프로젝트	프로젝트		프로젝트	프로젝트

학급 시간표는 학급의 상황에 따라 다양하게 편성할 수 있다. 하지만 아직도 기초시간표에 얽매여 매주 똑같은 시간표대로 수업한다면 교실이 재미없지 않을까?

이제는 고정시간표가 아닌 변동 시간표를 작성하여 매주 수업에 변화를 주어 활력 있는 교실로 바꿔보면 어떨까?

진수샘's TIP

- 시간표 편성 시 교과 전담 시간을 집중하여 배치하기보다는 분산배치가 더 효과적이다. 교과 전담 시간마다 교사가 수업 준비, 업무처리, 생활지도, 휴식 등을 조절할 수가 있기 때문이다.
- 프로젝트 수업 시 교과 전담 교사와 협의하여 수업 시간을 변경하라.

· **여섯 걸음 실천해요!** ·

▣ 우리 반 시간표를 상황에 맞게 편성해 보세요.

교과 전담 시간표

교시 \ 요일	월	화	수	목	금
1					
2					
3					
4					
5					
6					

통합교육지원대상 학생 시간표

교시 \ 요일	월	화	수	목	금
1					
2					
3					
4					
5					
6					

▼

우리 반 시간표

교시 \ 요일	월	화	수	목	금
1					
2					
3					
4					
5					
6					

일곱 걸음

집행 목적에 맞는 학급운영비 계획을 세우자

주무관: 김○○선생님! 행정실인데요. 학급운영비 품의를 잘못 하셨어요.
김교사: 네?
주무관: 집행 가능하지 않은 품목이 있어요.
김교사: 어떤 품목 말씀하시나요?
주무관: 사무용품이랑 청소용품이 있네요.
김교사: 품의하면 안되는 건가요?
주무관: 네!
김교사: 관련 근거가 있나요?
주무관: 네~ 공립학교 회계 규칙에 있어요.
김교사: 헉~ 교감 선생님이 OK 하셨는데... 그냥 하면 안 돼요?
주무관: 죄송해요. 실장님이 안되신대요...

    품의를 하다보면 위의 상황처럼 행정실과 약간의 마찰을 겪는 경우가 있다. 학교는 공공기관이기 때문에 K에듀파인 학교 회계지침에 따라 예산을 편성하고 그에 맞는 목적에 따라 예산을 집행해야 한다. 하지만 교사들은 학교 회계지침에 대하여 자세히 알지 못한다. 왜냐하면 교사들은 교육과정, 수업, 평가 즉 학생들과 관련된 부분에 대해서만 전문가이지 학교 회계와 관련된 것은 행정실의 몫으로 여기기 마련이기 때문이다.

그러나 교사들이 수업 이외에도 교사가 맡은 개인 업무가 예산과 관련이 있다면 회계 규칙을 한 번쯤은 읽어볼 필요성이 있다.

학급운영비도 하나의 회계 항목 중 하나이다. 시도마다 학급운영비의 금액이 다르기는 하지만 집행 권장 항목과 집행 불가 항목은 거의 유사하다.

『출처: 에듀파인 학교 회계 예산편성 기본지침』

Step 1. 학급운영비를 알아보자

학급운영비는 담임교사가 학급을 자율적이고 창의적으로 운영하는데 필요한 경비를 말한다. 시도교육청마다 예산의 지급액과 편성 방식은 서로 다를 수 있다.

학급운영비는 시도교육청의 학교 회계 예산편성 기본지침에 따라 운영이 되며, 담임교사는 생활지도, 상담 활동, 학급행사, 자료 발간 등 창의적인 학급 운영에 필요한 품목에만 학급운영비 예산을 집행하여야 한다.

교외에서 이루어지는 학교 행사의 경우 개산급[4] 지급이 가능하며 물품 종류를 특정하기 힘들고 외부에서 직접 구매하는 것이 효과적일 경우 학교 법인카드 사용을 허가한다.

[학급운영비 집행 권장 항목]

집행영역	권장 항목	세부 내용
생활 교육	학생 생활교육(개별, 집단 상담 활동에) 소요경비	• 식사비 1인당 8천원 이내, 간식비 등
	학부모 상담 소요경비	• 다과, 음료 등
	가정방문 및 병문안	• 음료, 학용품 등
학급 행사	학급 생일잔치	• 선물 구입비, 간식비 등
	사제동행 행사	• 영화, 연극, 뮤지컬 등 문화예술 관람: 관람료, 간식비 • 문화예술 체험 행사 참가 : 체험비, 간식비 등 • 스포츠 관람 : 관람료, 간식비 등 • 등산 및 캠핑 참가 : 입장료(체험비), 간식비 등 • 봉사활동, 캠페인 활동의 소요 물품, 식사, 간식비 등
	학급 학예회 필요 물품	• 의상 대여 및 소품 구입
	학급 단체 의류 구입	• 체육활동, 단체 게임, 레크레이션 등
자료 발간	학급 신문 및 학급 문집 발간	• 인쇄, 제본비용 등
	학급 앨범 제작	• 인쇄, 제본비용 등

『출처: 경기도 공립학교 회계 규칙』

학급운영비 집행 권장 항목과 관련하여 명시되지 않은 항목 중 학급 운영을 위해 반드시 필요하다고 판단되는 경우 학교장의 승인을 거쳐 집행 가능하며, 사전 학급 교육과정에 집행 계획을 편성한다면 사전 승인을 받았기 때문에 예산 집행이 가능하다.

---

4 지출금액이 미확정인 채무에 대하여 지급 의무가 확정되기 전에 개산(概算: 어림셈)으로 지급하는 일.

단, 이런 품목은 집행이 되지 않으므로 주의해야 한다. 학습 준비물과 관련된 품목, 사무용품, 청소용품, 환경 물품과 관련된 경우, 전산용품, 현금성인 문화상품권 등은 집행 금지 항목으로 편성돼 있다.

Step 2. 학급운영비 집행 방법을 알아보자

학급운영비 운영 방법은 두 가지 방법이 있는데, 학교장과 교사들은 협의를 통해 운영 방법이 선택되며, 행정실의 협조가 이루어져야 한다.

최근에는 시도교육청에서 새로운 시도를 하고 있다. 바로 「학급운영비 전용 직불카드」 사업이다. 이는 학교 혁신 문화에 따른 예산 집행의 투명성 확보와 집행 간소화에 따른 교사의 업무 경감을 위함이다.

[학급운영비 집행 방법]

품의를 통한 운영 방법	단계	직불카드 운영 방법
학급운영비 계획서 제출	1단계	학급운영비 개산급 지급 신청 (집행 계획서 첨부)
학급운영비에 대한 지출 품목에 대한 지출 품의	2단계	임시출납원 임명 및 학급운영비 전용 계좌 개설 및 직불카드 발급
품의에 대한 지출 승인	3단계	개산급 지급 신청에 대한 학급운영비 직불카드 전용 계좌로 입금
품목에 대한 물품 구입	4단계	학급담임별로 학급운영비 집행
지출결의[5]	5단계	학급담임별로 학급운영비 정산서 제출(2월 초)
원인행위[6]	6단계	학급운영비 정산서 검토 및 확정

5 학교 예산을 집행할 때 의논하여 결정하는 과정으로 지출 품의 다음 단계
6 세출 예산으로 경비지출의 원인이 되는 계약이나 그 밖의 행위

Step 3. 학급운영비 집행 계획을 세워보자

학급운영비 예산 편성시 면밀하게 계획을 수립해야 하며, 일시적으로 한 번에 사용하는 것은 지양해야 한다. 또한 학기나 분기별로 사용 계획을 수립하여 지출하면 좋다.

[학급운영비 예산 집행 사례]

순	항목	산출 근거	예산액(단위:원)	추진 시기
1	친교 활동 (상담)	• 음료수 및 간식 5,000원×20회 = 100,000	100,000	수시
2	생일파티	• 케이크 10,000원×10회 = 100,000	100,000	월말
3	교육과정 페스티벌 (학예회)	• 학예회 소품 5,000원×20종 = 100,000	100,000	11월
4	학급앨범제작	• 앨범 10,000원×20명 = 200,000	200,000	12월
	계		500,000	

학급운영비는 담임교사에게 자율적으로 주어진 학급경영비이다. 학생들을 위해 사용돼야지 교사의 개인 용도로 집행되면 안 된다. 이는 공무원이기 때문에 예산 사용에 있어 제한이 있다는 뜻이다. 사용 목적에 맞게 학급운영비를 집행하여 행복한 학급경영을 하면 좋겠다.

진수샘's Tip

- 품의 전 행정실 담당 주무관에게 사용 목적에 맞는지 확인하라. 그러면 재품의하는 일이 없다.
- 행정실도 하나의 부서다. 행정실 직원 등과 친분이 있으면 학교 생활이 즐겁다. 먼저 다가가라. 커피 한 잔의 여유를 함께 가져보라.

1. 우리 반 학급운영비 예산 집행 항목을 정해보세요.

2. 우리 반 학급운영비 예산 집행 계획서를 세워보세요.

순	항목	산출 근거	예산액 (단위:원)	추진 시기
	계			

여덟 걸음

우리 학급의 특색교육을 만들자

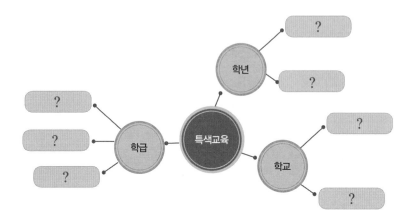

동학년 협의회

최교사: 선생님들 티타임 어때요?

김교사: 아~ 머리 아프다.

박교사: 왜요? 혹시 특색교육 때문에???

김교사: 어떻게 아셨어요?

박교사: 특색교육을 무엇으로 할지가 매년 고민이니까요.

최교사: 그러게요. 저는 잘하는 것도 없는데..

박교사: 내일까지 제출이던데요.

김교사: 울고 싶다.

선생님은 무엇을 잘하세요?

특기 적성과 관련된 어떤 자격증을 가지고 있으세요?

교대 시절 1인 1 특기에 대한 이수 과목이 있었다. 손재주가 있는 것도 아니고 특별하게 잘하는 것이 있는 것도 아니고 무엇을 할까 고민하다가 종이접기 2급에 도전을 했다. 학교 평생교육원 종이접기 자격증반에 수강 신청을 하고, 1학기 내도록 여름방학 때까지 자격증을 따기 위해 구슬땀을 흘린 적이 있었다.

손가락이 짧고 투박한 손을 가진 나로서는 종이접기가 너무나 힘들었지만, 특별활동 과목 이수를 위해 열심히 한 시절이 생각난다. 그 덕분에 하나의 작품집을 가지게 됐고 지금은 7살 아들과 함께 종이접기를 하면서 시간을 보내기도 한다.

Question 2

교대신을 아세요?

교사들, 그중에서도 초등 교사들은 재주가 참 많다. 이는 많은 과목을 직접 연구하고 가르치기 때문이다. 피아노와 악기를 잘 다루는 교사, 미술적 재능이 뛰어난 교사, 그림책을 동화구연으로 펼치는 교사, 놀이

「출처: 인디스쿨」

활동을 잘하는 교사, 인성적 마음을 깨우치는 교사 등 개인마다 특별하게 잘하는 영역이 하나씩은 있다. 둘 이상 가지고 있으면 우리는 교대신이라고 부르기도 한다.

Step 1. 무엇을 잘하는지 살펴라

특색이란 다른 것과 비교하여 눈에 띄게 다른 점이다. 학급 특색교육은 다른 반과는 다른 우리 반만의 자랑거리를 말하는 것이다. 학기 초 학생들의 실태가 파악되면 교사의 재능과 학생의 특기 적성, 연령대의 특성을 고려하여 학급 특색교육을 편성한다. 대체로 학급 특색교육은 교사가 주가 되고 학생들이 부가되는 경우가 많지만, 학생과 교사가 함께 만들어가는 특색교육도 종종 엿볼 수 있다.

학급 특색교육을 편성하기 위해서는 별도의 시수가 필요하다. 이를 위해 많은 학교에서 창의적 체험활동 중 자율활동에 학급 특색교육 시간을 별도로 편성한다.

그 이유는 교사가 교과 시간에 하지 못한 것을 창의적 체험활동으로 연계하여 창의적이고 개성 있는 특색교육을 할 수 있기 때문이다.

Step 2. 학급 특색교육 시간을 확보하라

학교의 특성에 따라 다르지만, 학교 공통시수를 최소화하는 학교에서는 교사와 학년에 제공하는 시수가 많아 학급 특색교육 시수를 많이 확보한다. 반면에 그렇지 못한 학교에서는 담임교사가 확보할 수 있는 시수가 매우 적을 것이다.

담임교사의 개성을 살릴 수 있는 학급 특색교육 시수 확보를 위해 사전 교육과정 평가회의 협의회와 동학년 및 학년군별 창의적 체험활동 시수 편성을 위한 회의에서 이를 반영해야 한다. 만약 창의적 체험활동에서 학급 특색교육 시수를 확보하지 못한다면 담임교사는 교과를 재구성하여 시수를 확보해야 한다.

Step 3. 특성을 살린 학급 특색교육을 펼쳐라

교사의 특기와 학생의 재능을 고려한다면, 다른 반과는 차별화되고 독창적인 교육이 다양하게 펼쳐질 것이다.

[영역에 따른 학급 특색교육]

인성	· 인성놀이 · 감정놀이 · 관계적회복교육 · 친교상담 · 덕목실천 · 봉사활동
놀이	· 놀이수학 · 보드게임 · 전통놀이 · 코딩놀이 · 뉴스포츠

학생특성	• 그림책 읽기 – 저학년 • 노래 – 음악적 재능이 있는 경우 • 미술 – 미술적 재능이 있는 경우

 저학년의 특성을 고려할 때 집중력이 짧고 교사와의 친교관계를 중요시 여기는 점을 고려하고, 교사가 그림책에 대한 노하우가 있다면 그림책을 통한 특색교육을 펼칠 수도 있다.

 교사는 주제에 맞는 그림책을 선택하여 읽어주고, 내용을 파악하며 서로의 감정을 되짚어 보는 활동을 통해 학생과 교사의 마음을 서로 다스릴 수 있는 인성 함양을 위한 특색교육을 계획할 수 있다.

 또한, 학생들은 자신이 선택한 책을 짝 또는 모둠원들에게 읽어줌으로써 서로에 대한 마음을 헤아리고 다스릴 수 있는 마음을 갖게 하여 자기중심적인 발달 특성을 벗어날 수 있도록 계획할 수 있다.

[학급 특색교육 저학년 운영 사례]

	그림책 읽어주기를 통한 존중하는 마음 키우기		
저학년 특성을 반영한 학급 특색교육	친해지기	• 그림책 '중요한 사실' 읽어주기 • 자신에게 정말 중요한 것이 무엇인지 발표하기	18 차 시
	부모님의 소중함 알기	• 그림책 '알사탕' 읽어주기 • 부모님과 행복했던 순간 떠올리기 • 일주일 동안 부모님 칭찬해 보기	
	선생님의 사 랑 확인하기	• 그림책 '선생님은 너를 사랑해 왜냐하면' 읽어주기 • 책 내용 파악하기 • 선생님께 사랑해요 말하기	
	내 감정 조절하기	• 그림책 '제라드의 우주쉼터' 읽어주기 • 감정 조절 방법 배우기	
	자존감 회복하기	• 그림책 '세상에서 가장 아름다운 달걀' 읽어주기 • 자신의 장점 생각하고 발표하기	
	방학계획 세우기	• 그림책 '파리의 휴가' 읽어주기 • 바람직한 방학에 대해 알아보기	

[학급 특색교육 고학년 운영 사례]

고학년 특성을 반영한 학급 특색교육	덕목 실천을 통한 고운 심성 기르기		
	인성검사	• KEDI 인성검사를 통해 나의 인성지수 확인하기	16차시
	실천을 어떻게?	• 인성실천 연간 계획세우기	
	예 실천하기	• 예절을 배우고 실천하기	
	배려 실천하기	• 배려를 어떻게 실천할까?	
	절제 실천하기	• 나에게 필요한 절제는?	
	소통 실천하기	• 우리 함께 소통해요	

　　학급 특색교육의 편성 여부는 학교의 상황에 따라 다르지만 학급 담임을 맡은 교사에게는 반드시 해볼 필요성이 있는 교육이다. 학급 특색교육 운영을 통해 우리 반만의 창의적인 교육을 생각해 볼 수 있는 뜻깊은 시간이 될 것이다.

진수쌤's Tip

• 학급 특색교육 시간이 별도로 편성돼 있지 않으면 아침 시간, 중간놀이 시간을 활용하여 운영할 수 있다.
• 마땅하게 할 것이 없다면 학교 교육과정을 잘 살펴보라. 그 속에 답이 있을 수도 있다.

• 여덟 걸음 실천해요! •

1. 우리 반에 편성된 학급 특색교육 시간을 확인하세요.

영역	활동	1학년		2학년		3학년		4학년		5학년		6학년	
		1학기	2학기	1학기	2학기	1학기	2학기	1학기	2학기	1학기	2학기	1학기	2학기
	학급 특색												

2. 선생님과 학생들이 잘하는 것을 살펴보세요.

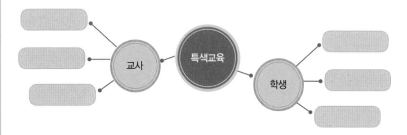

3. 우리 반 학급 특색교육을 편성해 보세요.

특색교육 영역:	특색교육명:		
	활동 주제	활동 내용	편성 시수
			차시

아홉 걸음

배움이 있는
교과별 교육과정 운영을 계획하자

보물

가수: 자전거 탄 풍경

술래잡기 고무줄 놀이 말뚝박기
망까기 말타기
놀다보면 하루는
너무나 짧아
아침에 눈뜨며
마을 앞 공터에 모여
매일 만나는 그 친구들
비싸고 멋진 장난감 하나 없어도
하루 종일 재미있었어
:

    나는 80년대 국민학교를 다녔다. 그 시절을 되돌아보면 무지하게 놀았던 것 같다. 쉬는 시간에 학교 밖을 몰래 나가 문방구(문구사)로 가서 군것질하고 돌아오다 담임 선생님께 걸려 혼났던 경험이 많다. 나의 학창 시절은 거의 놀기였다. 학원은 컴퓨터 학원에 다닌 것이 전부였으니 얼마나 놀았는지는 예상이 될 것이다.

요즘 우리 딸을 보면 미안하다. 아빠와 엄마가 교사다 보니 집에서 공부를 가르치다가 매번 싸움으로 번졌다. 그럴 때마다 '자기 자식은 못 가르친다.'라는 옛말이 실감 났다. 서로에 대한 믿음을 지키기 위해 어쩔 수 없이 영어와 수학 학원을 보내게 됐다. 처음에는 학원 다니는 것을 즐거워하더니 이제는 놀 시간이 없다고 투덜거리며 매일 학원가기 싫다고 시위를 하고 있다. 내가 보낸 학창 시절과는 매우 다른 시간을 보내고 있다.

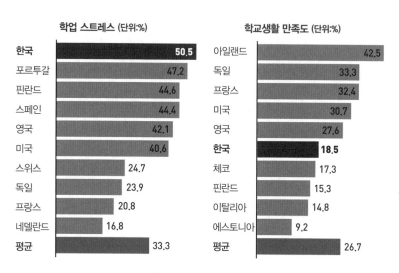

학업 스트레스 (단위:%)

국가	%
한국	50.5
포르투갈	47.2
핀란드	44.6
스페인	44.4
영국	42.1
미국	40.6
스위스	24.7
독일	23.9
프랑스	20.8
네델란드	16.8
평균	33.3

학교생활 만족도 (단위:%)

국가	%
아일랜드	42.5
독일	33.3
프랑스	32.4
미국	30.7
영국	27.6
한국	18.5
체코	17.3
핀란드	15.3
이탈리아	14.8
에스토니아	9.2
평균	26.7

*한국 2013년 기준, UNICEF 2009~2010년 기준, 11세, 13세, 15세를 조사 대상
자료: 한국보건사회연구원
「출처: 세계일보 한국 학생의 행복 지수」

한국 학생들의 스트레스 지수는 세계 최고라는 뉴스 기사를 보면 알 수 있듯이 학생들의 학교생활 만족도는 매우 낮다. 신체조건은 상승 곡선인데 학생들의 만족도 지수가 낮다면 교실 수업 분위기를 예상할 수 있지 않을까?

요즘은 수포, 즉 수학 포기가 3학년부터라는 말도 있다. 아니 더 낮은 1학년으로 내려갈 수도 있을 것이다. 고등학교 수능 때 반 친구들의 "어려운 수학 문제 하나 맞히느니 언어영역 공부하는 게 더 도움이 돼"라는 말이 생각난다.

개정 교육과정이 있을 때마다 교과에 대한 영역의 이동으로 도구교과들의 수준이 높아지는 것은 사실이다. 그러나 수준은 높아지는데 학생들을 가르치는 방식은 주입식, 강의식, 일제식 교육 등 예전 그대로인 경우가 간혹 있다.

이런 교육방식이 문제가 있다는 것은 아니다. 영상매체와 스마트 매체에 익숙해진 아이들에게 주입식, 강의식, 일제식 교육방식은 재미있지 않았고 지루한 수업으로 생각될 것이다. 게다가 이런 식의 수업이 하루 중 공부 시간의 삼분의 일을 차지한다.

OECD 주요국 청소년 공부시간

한국	7시간 50분
핀란드	6시간 6분
스웨덴	5시간 55분
일본	5시간 21분
미국	5시간 4분
독일	5시간 2분
영국	3시간 49분

「출처: 보건복지가족부」

Step 1. 교과별 교육 중점을 파악하라

진단평가 결과와 학생들의 실태를 바탕으로 담임교사는 교과별로 지도 중점을 어디에 둘지 고민을 하여야 한다. 학생들의 선행학습에 따른 수준이 높아짐에 따라 교사들도 교과 교재연구를 주도면밀하게 해야 한다.

교과별 교수·학습의 내용은 영역별로 구성됐다. 각 영역의 내용은 하위 범주별 핵심 개념(핵심 가치)[7]과 일반화된 지식을 바탕으로 하여 학년(군)별 내용 요소와 기능으로 구성됐다.

1. 2015 개정 교육과정 총론 확인

교과를 지도하기 위해서는 먼저 교과별로 총론의 내용을 확인하여야 한다. 총론에는 교과의 성격, 목표, 내용 체계 및 성취기준, 교수·학습 및 평가의 방향이 제시돼 있다.

교과별 교육과정을 편성하기 위해서는 교육부 고시 제2015-74호 (2015.9.23.)과 관련된 책자 혹은 파일을 가지고 있어야 한다.

  - 2015 개정 교육과정 총론(해설)
  - 2015 개정 교육과정 창의적 체험활동 해설(안전한 생활 포함)

---

7 도덕과에서는 덕목에 대한 가치를 탐구하는 교과이기 때문에 타 교과와 다르게 핵심 가치로 제시하고 있음.

- 별책 1 국어 ~ 15. 즐거운 생활 교과별 교육과정,
- 별책 42. 창의적 체험활동 교육과정(안전한 생활 포함)

이 책들은 교육과정을 편성하는 기본 방향을 제시하기 때문에 NCIC 혹은 에듀넷 티클리어에서 내려받으면 좋다.

2. 총론 구성 확인

교과별로 총론 제일 앞장에 교과별 구성에 대한 일러두기가 제시돼 있으며 일러두기에 대한 내용을 잘 이해해야 교과별 총론을 이해할 수가 있다.

1. 성격	• 교과가 갖는 고유한 특성에 대한 개괄적인 소개 • 교과 교육의 필요성 및 역할(본질, 의의 등), 교과 역량 제시
2. 목표	• 교과 교육과정이 지향해야 할 방향과 학생이 달성해야 할 학습의 도달점 • 교과의 총괄 목표, 세부 목표, 학교급 및 학년군별 목표 등을 진술
3.내용체계 및 성취기준	
가. 내용체계	• 영역, 핵심개념, 일반화된 지식, 내용요소, 기능으로 구성 – 영역 : 교과의 성격을 가장 잘 나타내주는 최상위의 교과 내용 범주 – 핵심개념 : 교과의 기초 개념이나 원리 – 일반화된 지식 : 학생들이 해당 영역에서 알아야 할 보편적인 지식 – 내용요소 : 학년(군)에서 배워야 할 필수학습 내용 – 기능 : 수업 후 학생들이 할 수 있거나 할 수 있기를 기대하는 능력으로 교과 고유의 탐구과정 및 사고 기능 등을 포함

나. 성취기준	• 학생들이 교과를 통해 배워야 할 내용과 이를 통해 수업 후 할 수 있거나 할 수 있기를 기대하는 능력을 결합하여 나타낸 수업 활동의 기준
(1) 영역명	
(가) 학습요소	• 성취기준에서 학생들이 배워야 할 학습 내용을 핵심어로 제시한 것임
(나) 성취기준 해설	• 제시한 성취기준 중 자세한 해설이 필요한 성취기준에 대한 부연 설명으로, 특별히 강조돼야 할 성취기준을 의미하는 것은 아님
(다) 교수·학습방법 및 유의사항	• 해당 영역의 교수·학습을 위해 제안한 방법과 유의사항 • 학생 참여 중심의 수업 및 유의미한 학습 경험 제공 등을 유도하는 내용 제시
(라) 평가방법 및 유의사항	• 해당 영역의 평가를 할 수 있도록 제안한 방법과 유의사항 • 해당 영역의 교수학습 방법에 따른 다양한 평가, 특히 과정 중심 평가가 이루어질 수 있도록 관련 내용 제시
4. 교수·학습 및 평가의 방향	
가. 교수·학습방향	• 교과의 성격이나 특성에 비추어 포괄적 측면에서 교수학습의 철학 및 방향, 교수·학습의 방법 및 유의사항을 제시함
나. 평가방향	• 교과의 성격이나 특성에 비추어 포괄적 측면에서 교과의 평가 철학 및 방향, 평가방법, 유의사항을 제시함

3. 내용 체계표 확인

교과별로 내용 체계표는 크게 다르지 않다. 도덕과만 내용 요소를 의문문과 가르칠 덕목을 제시했을 뿐 나머지 교과는 단어 위주로 제시했다.

내용 체계표를 통해 학년군에 따른 영역별 내용 요소를 확인하고 내용 요소의 이동이 필요한 영역이 있는지를 확인한다. 학년군별 영역의 이동이 필요한 경우는 학년군별 교과협의회를 통해 결정한다. 이는 차후 학업성적관리위원회의 승인을 받아야 수정 및 조정이 가능하다.

영역	핵심 개념	일반화된 지식	내용 요소			기능
			1–2학년군	3–4학년군	5–6학년군	
읽기	• 목적에 따른 글의 유형 • 정보 전달 • 설득 • 친교·정서 표현 • 읽기와 매체	의사소통의 목적, 매체 등에 따라 다양한 글 유형이 있으며, 유형에 따라 읽기의 방법이 다르다.	• 글자, 낱말, 문장, 짧은 글	• 정보 전달, 설득, 친교 및 정서 표현 • 친숙한 화제	• 정보 전달, 설득, 친교 및 정서 표현 • 사회·문화적 화제 • 글과 매체	•맥락 이해하기 •몰입하기 •내용 확인하기 •추론하기 •비판하기 :

[초등학교 도덕과 내용 체계표]

영역	핵심 가치	일반화된 지식 일반화된 지식	내용 요소		기능
			3–4학년군	5–6학년군	
자신과의 관계	성실	인간으로서 바르게 살아가기 위해 자신에게 거짓 없이 정성을 다하고 인내하며, 스스로 자신의 욕구를 다스린다.	○도덕 시간에는 무엇을 배울까? (근면, 정직) ○왜 아껴 써야 할까? (시간 관리와 절약) ○왜 최선을 다해야 할까? (인내)	○어떻게 하면 감정을 잘 조절할 수 있을까? (감정표현과 충동 조절) ○자주적인 삶이란 무엇일까? (자주, 자율) ○정직한 삶은 어떤 삶일까? (정직한 삶)	○도덕적 자아정체성 •자기 인식 및 존중하기 •자기감정 조절하기 •자기감정 표현하기 ○도덕적 습관화 •생활 계획 수립하기 •모범 사례 반복하기 •유혹 이겨내기

4. 성취기준 확인

내용 체계표를 확인한 후, 학년별로 제시된 영역별 성취기준을 확인하여 학습 요소를 확인하고, 성취기준에 대한 해설을 분석한 뒤, 성취기준에 따른 교수·학습 방법, 평가에 대한 유의사항을 점검해야 한다.

성취기준 한 문장에 담겨진 내용에는 수많은 요소가 내재돼 있으므로 교과 교육과정을 편성하기 전에 확인하고 필요한 부분을 재구성하여 효율성 있는 교수·학습 방법과 학습 내용, 평가 방법을 구성하여야 한다.

[초등학교 도덕과 성취기준 확인 방법]

1. 영역 확인	자신과의 관계
2. 성취기준 확인	[6도01-01]감정과 욕구를 조절하지 못해 나타날 수 있는 결과를 도덕적으로 상상해 보고, 올바르게 자신의 감정을 조절하고 표현할 수 있는 방법을 습관화한다.
3. 학습 요소 확인	감정의 도덕적 표현, 표현의 규범 상황, 도덕적 감정 표현 점검 등
4. 성취기준 해설 확인	행위 결과의 옳고 그름을 판단하는 것은 물론이고 대상에 따라 자신이 표현한 감정이 적절한가를 점검하는 것도 주요한 학습 내용으로 다룸
5-1. 교수 · 학습방법	도덕 이야기 수업모형, 모범 사례에 대한 탐구 교육연극, 역할 놀이
5-2. 유의사항	덕스러운 인간의 모습이고 학생들의 본보기가 되는 것이기 때문에 교사는 이야기 내용을 점검
6-1. 평가방법	도덕 생활 평가표, 체크리스트, 감사글이나 반성글 작성하기
6-2. 유의사항	실천 가능성에 염두, 실천항목을 반드시 구성

5. 교수 · 학습 및 평가의 방향 확인

교수·학습 방향에는 교과에 대한 교수·학습의 원칙과 교수·학습의 방법이 제시돼 있으며, 학습의 목표와 학습자의 상황 및 교육환경을 고려한 효율적인 교수·학습을 교사가 자유롭게 선택하도록 구체적으로 제시됐다.

성취기준에 근거한 평가, 수업 속에서 이루어지는 평가, 수행과정의 평가, 다양한 평가 방법을 활용한 평가, 학생의 성장과 발달을 위한 평가, 수업 개선을 위한 평가 등이 이루어진다.

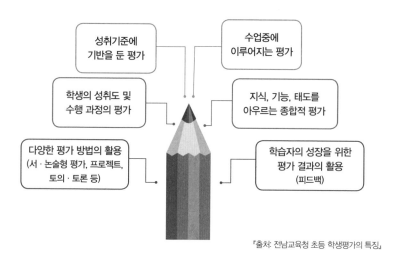

「출처: 전남교육청 초등 학생평가의 특징」

교수·학습방법에 따른 평가 방향도 평가의 원칙과 내용, 방법, 평가 결과의 활용을 구체적으로 제시했다. 평가를 통해 학습자의 학습 과정과 성취 수준을 돕도록 영역별 평가 방법과 기능을 제시하여 학습자의 학습 능력과 교수·학습방법의 적절성을 진단하고 개선하도록 구성됐다.

6. 우리 반에 맞는 교과별 중점 지도내용 편성

초등 교사와 중등 교사의 차이점이 있다. 초등 교사는 모든 교과를 가르칠 수 있지만, 중등 교사는 전문과목 1~2가지만 가르칠 수 있다.

그런 이유로 초등 교사는 모든 과목을 연구한다. 그 이유는 교과별로 제시된 성격과 목표가 다르기 때문이다. 이 많은 과목을 가르치기에 교과별로 교재연구가 필요하고 우리 반의 특성에 맞는 교과 중점 지도내용이 설정돼야 한다.

학기 초 우리 반의 교과별 실태를 분석하여 교과별 교사가 중점을 두고 1년 동안 학습 내용에 적용해야 할 중점 지도내용을 추출할 필요성이 있다. 이런 실태는 학기 초 상담과 1~2주일 정도 학생들과의 학기 초 생활을 통하여 판단할 수 있다.

토의와 토론에 대한 기본 학습이 정착돼 있지 않은 학생들을 지도하려면 큰 어려움이 있다. 국어 교과에서는 의사소통 기능과 역량을 요구하는 성취기준과 단원이 많기 때문이다. 이런 고민을 학기 초에 하지 않고 그때그때 수업을 진행하는 교사는 수업을 어떻게 해야 할까?

교과	학생 실태
국어	• 토의와 토론에 대한 기본학습훈련이 필요함 • 바른 글씨 쓰기에 대한 연습이 필요함
사회	• 학습 형태에 대한 조직이 필요함 • 역사에 대한 지식이 미흡함
도덕	• 도덕적 딜레마에 따른 상황 판단을 좋아함 • 덕목을 실천할 기회가 필요
수학	• 수학에 대한 흥미가 없음 • 설명하기를 좋아함
과학	• 탐구학습에 필요한 절차적인 학습 훈련이 필요 • 과학적 사고력이 약함

:

교과	교과별 적용될 교육 중점
국어	• 바른 글씨로 학습장 정리하기 • 다른 사람의 의견을 메모하며 듣고 경청하기 • 자신의 생각과 주장에 대한 근거를 마련하여 표현 • 교과 시간을 연계한 학년 필독서 읽기
사회	• 자료조사 및 발표 학습을 통해 학생들의 비판적 및 창의적 사고력 키우기 • 역사책 읽기 활동을 통해 역사적 사료의 해석 및 분석 능력 기르기
도덕	• 짝 토의 및 모둠 토론을 통한 도덕적 판단 능력 기르기 • 내 주변에서 자주 일어나는 가치 갈등 상황을 주제로 하여 토의 · 토론하기 • 덕목 관련 실습 · 실연 및 체험을 통한 도덕적 정서 및 실천 능력 기르기
수학	• 놀이 수학 교구를 활용한 수학의 기본적인 개념, 원리, 법칙을 이해하기 • 설명하기 및 또래 교사제 활동을 통한 차시별 완전 학습 도달 • 수학 클리닉 운영을 통한 학습 부진 ZERO화
과학	• 기초 탐구 과정과 통합탐구과정을 익혀 학생 개인별 자유 탐구하기 • 실험 · 관찰 중심수업 전개로 학생들의 학습 흥미 유발 및 과학적 사고력 기르기 • 탐구 절차에 따른 탐구 보고서 작성 및 자료를 활용한 발표 능력 기르기

:

우리 반의 실태를 고려하여 교과별 성격과 목표에 맞게 교육 중점을 편성하여 수업에 적용하여 보자. 수업이 달라질 것이다.

Step 2. 교과별 성취기준을 확인하라

교과별 교육 중점을 파악했다면 다음은 교과별 성취기준 확인을 통해 교육과정을 어떻게 재구조화할 것인지 고민을 해야 한다. PART 2에서 3장, '성취기준 이해하기' 편에서 구체적인 방법을 설명했다.

성취기준 분석의 방법은 다양하기 때문에 교사는 우리 반 학생들의 실태에 맞게 성취기준을 재구조화할 것인지, 차시별 교육 내용을 재구조화할 것인지를 판단해야 한다.

1. 교과별 시수 배당 시간 확인하기

한 학기의 농사를 잘 짓기 위해서는 교과별 진도 계획을 편성해야 한다. 이를 위해서는 교과별로 학기당 시수 배당 시간이 얼마나 편성됐는지 확인해야 한다. 그 이유는 학기별 수업일수가 달라 교과별 시수 배당이 학기별로 다르게 편성됐기 때문이다.

과목	학년	2015 개정 기준 시수			5학년			
		5학년	6학년	학년군	2020년		2021년 (예정)	학년군 편성 시수
					1학기	2학기		
교과	국어	204	204	408	110	94	204	408
	사회 /도덕	102	102	204	52	50	102	204
		34	34	68	18	16	34	68
	수학	136	136	272	70	66	136	272
	과학 /실과	102	102	204	52	50	102	204
		68	68	136	34	34	68	136
	체육	102	102	204	52	50	102	204
	예술 (음악/미술)	68	68	136	32	36	68	136
		68	68	136	36	32	68	136
	영어	102	102	204	52	50	102	204

가령 수업일수가 1학기 99일 2학기 93일이라고 가정할 때 교과 시수를 기준 시수에 1/2을 하게 되면 어떤 일이 벌어질까? 1학기 때는

담임 재량시간이 여유가 있지만 2학기 때는 담임 재량시간을 편성하지 못하게 되는 경우가 생기게 된다.

2. 교과별 성취기준과 교과용 지도서 비교하기

교과에 제시된 성취기준과 교과용 지도서를 비교하는 이유는 여러 가지가 있다.

① 단원과 성취기준의 연결이 어떻게 됐는지?

② 성취기준이 어떤 영역과 연결됐는지?

③ 영역에 따른 차시 구성은 어떻게 됐는지?

④ 성취기준과 범교과 학습을 연결할 수 있는지?

⑤ 학교나 학년에서 추구하는 교육활동과의 연결은 가능한지?

⑥ 학급 교과교육 중점과 연결을 할 수 있는지?

여러 가지 분석을 통해 교과별 단원 구성을 살펴보면 교과 지도내용의 폭과 범위(scope), 순서(sequence)를 결정할 수가 있다.

1) 5학년 1학기 국어 단원 구성 살펴보기

1학기 국어는 10개 단원에 21개의 성취기준이 사용돼 총 99차시로 구성돼져 있다. 21개의 성취기준 중 4개의 성취기준은 2개의 단원에 중복 사용된 것으로 분석됐다. 성취기준이 2번 사용됐다는 것은 1개의 성취기준이 하나의 단원으로 성취될 수 없다는 것을 의미하기도 한다.

또한, '[6국01-01] 구어 의사소통의 특성을 바탕으로 하여 듣기·말하기 활동을 한다.'의 성취기준은 5학년 1학기 1단원과 6학년 1학기 2단원에 연계돼 있다는 것을 고려하면 성취기준 하나가 얼마나 중요한 역할을 하는지 다시금 알게 한다.

단원명	성취기준	영역
독서 단원	[6국01-02] 의견을 제시하고 함께 조정하며 토의한다. [6국02-06] 자신의 읽기 습관을 점검하며 스스로 글을 찾아 읽는 태도를 지닌다. [6국05-05] 작품에 대한 이해와 감상을 바탕으로 하여 다른 사람과 적극적으로 소통한다.	듣기말하기 읽기 문학
1. 대화와 공감	[6국01-01] 구어 의사소통의 특성을 바탕으로 하여 듣기·말하기 활동을 한다. [6국01-07] 상대가 처한 상황을 이해하고 공감하며 듣는 태도를 지닌다.	듣기말하기 듣기말하기
2. 작품을 감상해요	[6국05-02] 작품 속 세계와 현실 세계를 비교하며 작품을 감상한다. [6국05-01] 문학은 가치 있는 내용을 언어로 표현하여 아름다움을 느끼게 하는 활동임을 이해하고 문학 활동을 한다.	문학 문학
3. 글을 요약해요	[6국02-02] 글의 구조를 고려하여 글 전체의 내용을 요약한다. [6국03-03] 목적이나 대상에 따라 알맞은 형식과 자료를 사용하여 설명하는 글을 쓴다.	쓰기
4. 글쓰기의 과정	[6국03-01] 쓰기는 절차에 따라 의미를 구성하고 표현하는 과정임을 이해하고 글을 쓴다. [6국04-05] 국어의 문장 성분을 이해하고 호응 관계가 올바른 문장을 구성한다.	쓰기 문법
5. 글쓴이의 주장	[6국02-03] 글을 읽고 글쓴이가 말하고자 하는 주장이나 주제를 파악한다. [6국04-03] 낱말이 상황에 따라 다양하게 해석됨을 탐구한다. [6국01-03] 절차와 규칙을 지키고 근거를 제시하며 토론한다.	읽기 문법 듣기말하기

6. 토의하여 해결해요	[6국01-02] 의견을 제시하고 함께 조정하며 토의한다. [6국03-06] 독자를 존중하고 배려하며 글을 쓰는 태도를 지닌다.	듣기말하기 쓰기
7. 기행문을 써요	[6국03-05] 체험한 일에 대한 감상이 드러나게 글을 쓴다. [6국01-04] 자료를 정리하여 말할 내용을 체계적으로 구성한다. [6국03-01] 쓰기는 절차에 따라 의미를 구성하고 표현하는 과정임을 이해하고 글을 쓴다.	쓰기 듣기말하기 쓰기
8. 아는 것과 새롭게 안 것	[6국04-02] 국어의 낱말 확장 방법을 탐구하고 어휘력을 높이는 데에 적용한다. [6국02-01] 읽기는 배경지식을 활용하여 의미를 구성하는 과정임을 이해하고 글을 읽는다.	문법 읽기
9. 여러 가지 방법으로 읽어요	[6국02-05] 매체에 따른 다양한 읽기 방법을 이해하고 적절하게 적용하며 읽는다. [6국01-04]자료를 정리하여 말할 내용을 체계적으로 구성한다.	읽기 듣기말하기
10. 주인공이 돼	[6국05-04] 일상생활의 경험을 이야기나 극의 형식으로 표현한다. [6국05-05] 작품에 대한 이해와 감상을 바탕으로 하여 다른 사람과 적극적으로 소통한다.	문학 문학

2) 단원 순서 배열하기

교사들의 교육과정 편성을 보면 교과의 지도 순서는 1단원부터이고 마지막 단원은 방학 전으로 돼 있다. 누가 가르쳐준 것도 아닌데 말이다. 참 이상하지 않은가? 1단원이 무조건 시작점이 된다. 한 번은 이런 일이 있었다.

학생: 선생님 왜 3단원부터 배워요?

교사: 왜 그런 생각을 했어?

학생: 이상하잖아요? 지금까지 선생님들은 1단원부터 수업을 했는데 선생님은 모든 과목의 순서가 다르니 이상하다고 생각할 수밖에요.

교사: 그랬구나.

학생: 그리고 학원 선생님이 물어보래요. 왜 순서가 다른지…….

교사: 학원 선생님이?

학생: 네, 이런 선생님은 처음이라면서.

나는 청개구리다. 교과마다 지도 순서를 바꾸기 때문이다. 왜 바꾸는가? 이유는 바로 여기에 있다.

① 단원 구성의 내용이 시기에 맞지 않은 경우가 있다.

② 영역별로 묶어 가르치면 학생의 흥미도를 높이고 성취기준을 연계해서 지도할 수 있다.

③ 학교나 학년에서 추구하는 프로젝트 학습 또는 상급 기관에서 요구하는 교육을 연계할 수 있다.

④ 학생으로부터 궁금증을 유발할 수 있어 선행학습에 대한 격차를 다소 해소할 수 있다.

가) 단원을 영역 중심으로 묶기

5학년 1학기 국어를 가르친다면 나는 이렇게 지도 순서를 정할 것이다. 영역 중심의 방법으로 문학 중심영역 2, 10단원, 쓰기 중심영역 3, 4, 7단원, 듣기 말하기 중심영역 1, 5, 6단원, 읽기를 통한 문법 중심영역 8, 9단원으로 연계한다. 이렇게 할 때 영역을 밀도 있게 학습하지만, 학습에 대한 지루함을 주게 되는 단점이 있다. 이를 보완하기 위해서는 교사의 단원 재구조화가 필요하다.

나) 단원 재구조화에 교과지도 중점 연계하기

단원 지도 순서를 재구조화 했다면 학생의 실태를 통해 적용할 교과지도 중점을 다음과 같이 연계할 수 있다.

교과	교과에 적용될 교육 중점
국어	• 바른 글씨로 학습장 정리하기 • 다른 사람의 의견을 메모하며 듣고 경청하기 • 자신의 생각과 주장에 대한 근거를 마련하여 표현 • 교과 시간을 연계한 학년 필독서 읽기

중심 영역	단원명(차시)	성취기준	영역
문학 중심 지도	독서 단원 (10차시)	[6국01-02] 의견을 제시하고 함께 조정하며 토의한다. [6국02-06] 자신의 읽기 습관을 점검하며 스스로 글을 찾아 읽는 태도를 지닌다. [6국05-05] 작품에 대한 이해와 감상을 바탕으로 하여 다른 사람과 적극적으로 소통한다.	듣기말하기 읽기 문학
	2. 작품을 감상해요 (9차시)	[6국05-02] 작품 속 세계와 현실 세계를 비교하며 작품을 감상한다. [6국05-01] 문학은 가치 있는 내용을 언어로 표현하여 아름다움을 느끼게 하는 활동임을 이해하고 문학 활동을 한다.	문학 문학
	10. 주인공이 돼 (8차시)	[6국05-04] 일상생활의 경험을 이야기나 극의 형식으로 표현한다. [6국05-05] 작품에 대한 이해와 감상을 바탕으로 하여 다른 사람과 적극적으로 소통한다.	문학 문학

| | | 문학 영역 교육중점 연계 | • 작품 속 인물이 겪은 상황에 대해 서로의 경험담 파악하기
• 문학의 아름다움을 바른 글씨로 표현하여 작품전시회
• 내가 선택한 작품을 친구들에게 소개하고 인물의 가치 탐색하기 | |

중심 영역	단원명(차시)	성취기준	영역
쓰기 중심 지도	3. 글을 요약해요 (9차시)	[6국02-02] 글의 구조를 고려하여 글 전체의 내용을 요약한다.	읽기
		[6국03-03] 목적이나 대상에 따라 알맞은 형식과 자료를 사용하여 설명하는 글을 쓴다.	쓰기
	4. 글쓰기의 과정 (9차시)	[6국03-01] 쓰기는 절차에 따라 의미를 구성하고 표현하는 과정임을 이해하고 글을 쓴다.	쓰기
		[6국04-05] 국어의 문장 성분을 이해하고 호응 관계가 올바른 문장을 구성한다.	문법
	7. 기행문을 써요 (8차시)	[6국03-05] 체험한 일에 대한 감상이 드러나게 글을 쓴다.	쓰기
		[6국01-04] 자료를 정리하여 말할 내용을 체계적으로 구성한다.	듣기말하기
		[6국03-01] 쓰기는 절차에 따라 의미를 구성하고 표현하는 과정임을 이해하고 글을 쓴다.	쓰기
쓰기 영역 교육 중점 연계		• 글의 구조와 쓰는 방법을 요약하며 정리하기 • 현장체험학습 및 야영수련활동의 경험을 기행문으로 표현 • 글의 구조에 따른 일기지도 • 문장의 호응 관계에 따른 바른 글쓰기 지도	
듣기 말하기 중심 지도	1. 대화와 공감 (10차시)	[6국01-01] 구어 의사소통의 특성을 바탕으로 하여 듣기·말하기 활동을 한다.	듣기말하기
		[6국01-07] 상대가 처한 상황을 이해하고 공감하며 듣는 태도를 지닌다.	듣기말하기
	5. 글쓴이의 주장 (10차시)	[6국02-03] 글을 읽고 글쓴이가 말하고자 하는 주장이나 주제를 파악한다.	읽기
		[6국04-03] 낱말이 상황에 따라 다양하게 해석됨을 탐구한다.	문법
		[6국01-03] 절차와 규칙을 지키고 근거를 제시하며 토론한다.	듣기말하기
	6. 토의하여 해결해요 (9차시)	[6국01-02] 의견을 제시하고 함께 조정하며 토의한다.	듣기말하기
		[6국03-06] 독자를 존중하고 배려하며 글을 쓰는 태도를 지닌다.	쓰기

듣기 말하기 영역 교육 중점 연계	• 대화의 방법을 통해 경청하는 방법 배우기 • 주장을 펼치는 방법을 알고 친구를 배려하며 말하기 • 자신의 생각과 주장을 올바르게 펼치고 절차와 규칙을 지키기 • 자신의 생각과 주장을 적합한 근거로 펼치며 토의하기

중심 영역	단원명(차시)	성취기준	영역
읽기를 통한 문법지도	8. 아는 것과 새롭게 안 것 (9차시)	[6국04-02] 국어의 낱말 확장 방법을 탐구하고 어휘력을 높이는 데에 적용한다. [6국02-01] 읽기는 배경지식을 활용하여 의미를 구성하는 과정임을 이해하고 글을 읽는다.	문법 읽기
	9. 여러 가지 방법으로 읽어 요 (8차시)	[6국02-05] 매체에 따른 다양한 읽기 방법을 이해하고 적절하게 적용하며 읽는다. (6국01-04)자료를 정리하여 말할 내용을 체계적으로 구성한다.	읽기 듣기말하기
읽기 영역 교육중점 연계	• 우리학급 필독서를 선택하여 낱말의 의미 파악하기 ☞ 낱말 사전 만들기 • 내가 알게된 사실을 친구들에게 설명하고 나도 배우기		

교과별로 지도 중점을 전부 연계하면 좋지만 그럴 수 없는 게 현실이다. 이를 묶어서 영역별로 할 수도 있고 집중적으로 지도할 단원을 선택하여 지도하여도 좋다.

3) 차시 내용 살펴보기

단원에는 차시별 지도내용이 있다. 차시별 지도내용은 단원 학습 목표와 학습의 성격에 따라 제시가 되며 이를 통해 도달하고자 하는 학습 목표가 도출된다.

단원과 성취기준을 매번 분석하여 교육내용을 구조화 하는 교사는 드물다. 그래야 하는 것이 맞지만 10개가 넘는 교과를 매 단원 분석하기에는 교사들의 역할이 너무도 많다.

교과용 지도서를 활용하되 우리 학급의 실태와 교사의 멋진 교수·학습 방법이 더해진다면 수업의 학습 목표는 도달돼 있을 것이다. 우리가 주목해야 하는 것은 지도서에 제시된 그대로 수업을 하기 때문에 학생들이 재미가 없고 흥미를 잃어버리는 것이다.

학교 현장에서 가장 쉽게 할 수 있는 방법은 차시를 재구조화 하는 방법이다. 현실적으로 가장 쉽기 때문이다.

[지도서 단원 차시 구성]

단원	차시	차시 학습 내용	학습 성격
1. 대화와 공감	1~2	• 단원 도입 • 대화의 특성 이해하기	준비 학습
	3~4	• 칭찬의 중요성과 칭찬하는 방법 이야기하기 • 친구들의 칭찬거리를 정리해 칭찬하는 말하기	기본 학습
	5~6	• 다른 사람에게 조언하는 방법 이야기하기 • 친구의 고민을 듣고 조언하는 말하기	기본 학습
	7~8	• 대화 상황 살펴보기 • 감정이나 생각에 공감하는 대화 주고받기 • 대화에서 잘한 점과 부족한 점 정리하기	기본 학습
	9~10	• 고민 상담소 운영하기 • 단원정리	실천 학습

[교과중점 연계 단원 차시 재구조화]

단원	차시	차시 학습 내용	학습성격
1. 대화와 공감	1~2	• '내입장에서 생각해봐' 그림책 읽기로 대화의 필요성 인식 • 주어진 상황에 따른 대화하고 인물에 대한 마음 탐구하기 • 친구를 배려하면서 대화의 특성에 대해 토의하기(교과중점 연계)	준비 학습
	3~4	• 친구의 장점 찾아보기 • 바르고 고운말을 사용으로 친구의 장점을 칭찬 릴레이하기 • 칭찬하는 방법 익히기 • 친구들의 칭찬거리를 정리해 칭찬하는 말하기	기본 학습
	5~6	• 조언하는 방법 배우기 • 다른 사람에게 조언하는 방법 토의하기(교과중점 연계) • 자신의 고민을 적어 우리반 고민상담소에 보내기	기본 학습
	7~8	• 친구의 고민을 듣고 조언하는 말하기 • 상황에 따른 대화의 문제점 찾아보기 • 학교폭력을 예방할 수 있는 감정이나 생각에 공감하는 대화 주고받기 ☞ 역할극 • 대화에서 잘한 점과 부족한 점 정리하기	기본 학습
	9~10	• 바르고 고운말 실천을 위한 표어 만들기 • 단원정리	실천 학습
	11	• 바르고 고운말을 통해 학교폭력예방을 할 수 있는 표어 선정하기 ☞ 범교과학습 연계	재량활동 시수 증배

3. 범교과 학습 연계하기

우리는 알고 있음에도 하지 않는 교육이 있다. 바로 범교과 학습이다. 2015 개정 교육과정에서는 10개의 범교과 영역을 제시하고 있으며, 교과 교육과정의 내용을 재구조화하여 범교과 학습 주제를 교과내에서 통합적으로 지도하는 것을 권장하고 있다.

범교과 학습 주제는 교과와 창의적 체험활동 등 교육활동 전반에 걸쳐 통합적으로 다루도록 하고, 지역사회 및 가정과 연계하여 지도한다.

**안전·건강 교육, 인성교육, 진로 교육, 민주 시민 교육,
인권 교육, 다문화 교육, 통일교육, 독도 교육,
경제·금융 교육, 환경·지속 가능한 발전 교육**

범교과 학습은 주제에 따라 교과와 창의적 체험활동으로 연계할 수 있지만, 창의적 체험활동의 연계보다는 교과 연계를 하는 것이 더 효율적이라고 생각한다. 이는 제한된 창의적 체험활동의 시수 때문이다. 하지만 특정 주제를 선정하여 효율적인 교육을 창의적 체험활동으로 연계할 수도 있다. 선택은 교사의 몫이다.

범교과 학습 주제는 해당 차시 지도내용 중 10분 이상 연계 지도를 하면 학습으로 인정해준다. 이는 시도교육청마다 지침이 달라서 혼선이 있기는 하지만 전라남도교육청은 10분 이상을 권장한다.

범교과 학습 주제 10개와 관련된 교육과정을 단원 연결 맵으로 정리해 놓으면 학습을 지도하는데 편리하다. 범교과 학습과 관련된 맵핑 자료는 시도교육청에서 제공하고 있으며, 에듀넷 티클리어의 범교과 학습 배너에 많은 자료가 탑재돼 있으니 참고하면 좋다.

[교과 학습에 범교과 학습주제 연계 재구조화]

단원	차시	차시 학습 내용	학습 성격	범교과 학습
1. 대화와 공감	9~10	• 바르고 고운말 실천을 위한 표어 만들기 • 단원정리	실천학습	
	11	• 바르고 고운말을 통해 학교폭력예방을 할 수 있는 표어 선정하기 ☞ 범교과 학습 연계	담임 재량시간 시수 증배	안전건강 교육

　교과는 시수가 많다. 교과에 비해 시수가 적은 창의적 체험활동에 범교과 학습주제를 연계하는 것보다 교과 수업을 재구조화 하여 교육 내용을 연계하여 지도하면 효과적이다.

진수샘's Tip

• 교육과정 분석의 첫 단계는 성취기준이다. 성취기준에 대한 관련 파일을 모두 내려받아 하나의 폴더로 정리하자. 교육과정이 개정되기 전까지는 매년 찾게 되기 때문이다.
　☞ 총론 해설, 창의적 체험활동 해설, 교과별 별책, 학년군별 평가기준
• 성취기준을 재구조화 하려고 애쓰지 않아도 된다. 내가 할 수 있는 능력 선에서 성취기준이나 차시 재구조화를 선택하면 된다.
• 혼자 하기 힘들면 함께 할 동료 교사를 구하라. 혼자 하면 이것이 맞는지 틀렸는지 확인할 방법이 없다. 함께 연구하고 함께 공유할 교육과정 교사가 있다면 좋은 동반자가 될 것이다.
• 교육과정과 관련된 책이 서점에 많다. 나에게 맞는 책을 선택하여 보고 배우고 연습하고 나만의 방식으로 익혀라. 그래야 내가 살아남는다.

1. 우리 학년의 교과별 시수 배당을 확인해 보세요.

과목	학년	2015 개정 기준 시수			5학년			
		5학년	6학년	학년군	2020년		2021년 (예정)	학년군 편성 시수
					1학기	2학기		
교과	국어							
	사회 /도덕							
	수학							
	과학 /실과							
	체육							
	예술 (음악/미술)							
	영어							

2. 우리 반 실태를 통해 교과 중점 지도 요소를 추출해 보세요.

교과	학생실태
국어	
사회	
도덕	
수학	
과학	
실과	
체육	
음악	

교과	학생실태
미술	
영어	
바른생활	

슬기로운 생활	
즐거운 생활	

▼

교과	지도 요소 추출
국어	
사회	
도덕	
수학	
과학	
실과	
체육	
음악	
미술	
영어	
바른생활	
슬기로운 생활	
즐거운 생활	

3. 교과를 선택하여 단원 지도 순서를 정해보세요.

교과	영역	성취기준	지도 순서
		[○○-○○-○○] [○○-○○-○○] [○○-○○-○○]	○ → ○ → ○ → ○ → ○ → ○ → ○ → ○ → ○
		[○○-○○-○○] [○○-○○-○○]	○ → ○ → ○ → ○ → ○ → ○ → ○ → ○ → ○
		[○○-○○-○○]	○ → ○ → ○ → ○ → ○ → ○ → ○ → ○ → ○

4. 단원을 중심영역으로 묶어 교육 중점과 연계하여 차시 재구조화를 해보세요.

중심영역	단원명(차시)	성취기준	영역
○ ○ 영역 교육 중점 연계			

▼

단원	차시	차시 학습 내용	학습 성격

5. 교과와 관련된 범교과 학습주제를 선택하여 차시 재구조화를 해보세요.

단원	차시	차시 학습 내용	학습 성격

단원	차시	차시 학습 내용	학습 성격	범교과학습

열 걸음

주제가 있는 창의적 체험활동 운영을
계획하자

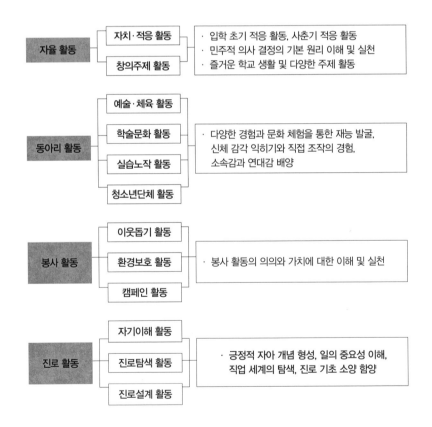

Question 창의적 체험활동의 의의로 옳지 않은 것을 고르시오.

① 창의성   ② 체험활동
③ 전인교육 실현   ④ 자율적인 편성 및 운영
⑤ 학생 중심 교육과정

정답은 없다. 문제 보기의 5가지는 2015 개정 교육과정의 창의적 체험활동의 의의이다. 의의가 주는 가치나 중요성은 높다. 이는 상징성이 높고 방향성을 따라야 하는 목적성이 있다.

그런데 교사들은 교과지도에는 관심이 높지만, 창의적 체험활동에는 별다른 관심을 두지 않는 경향이 있다. 이런 이유는 학교에서 창의적 체험활동의 목적과 방향과는 다른 운영방식과 학교 교육활동 중심으로 시수를 통제하기 때문이라 생각된다.

창의적 체험활동은 교과와 상호 보완적 관계 속에서 앎을 적극적으로 실천하고 심신을 조화롭게 발달시키기 위하여 실시하는 교과 이외의 활동이다. 창의적 체험활동은 초·중등학교 학생들이 건전하고 다양한 집단 활동에 자발적으로 참여하여 나눔과 배려를 실천함으로써 공동체 의식을 함양하고 개인의 소질과 잠재력을 계발·신장하여 창의적인 삶의 태도를 기르는 것을 목표로 한다.

『출처: 2015 개정 교육과정 창의적 체험활동 해설』

2009 개정 교육과정에서 2015 개정 교육과정으로 바뀌면서 창의적 체험활동에도 변화가 생겼다. 바로 자율 활동에 변화가 생긴 것이다. 적응 활동과 자치 활동이 묶여 자치·적응활동으로, 행사 활동이 삭제되고 창의적 특색 활동이 창의 주제 활동, 자율 활동 영역에 부분적으로 명칭이 바뀌었다.

2009 개정 창의적 체험활동		2015 개정 창의적 체험활동	
영역	활동	영역	활동
자율 활동	• 적응 활동 • 자치 활동 • 행사 활동 • 창의적 특색 활동 등	자율 활동	• 자치·적응 활동 • 창의 주제 활동 등

변화된 것에는 분명하게 문제점이 발생했기 때문일 것이다. 특히, 행사 활동이 삭제됐다는 것은 학교들이 반성해 보아야 할 부분인 것 같다.

1. 창의적 체험활동에 대한 이해 부족

120여 명의 학생이 생활하고 있는 8학급의 학교에서 근무할 때이다. 이 학교는 학생들이 항상 모여서 주기적으로 활동하는 다모임의 행사가 많았다. 이런 상황을 염두에 두고 모든 활동을 학교 통제로 시수를 편성했다.

소규모 학교에서 연구부장을 하면서 창의적 체험활동에 대한 이해가 부족할 때 편성한 행사 활동이다. 무엇이 문제인지 찾아보자.

행사 학년	1학기				2학기			계
	시업식 입학식	장애인의 날 행사	방학식	계	장애 이해교육	졸업식 종업식	계	
1~6학년	1	1	1	3	1	1	2	5

문제점이라고는 할 수 없지만 생각해 볼 것이 있다. 이 학교는 전 학년 공통으로 행사 활동을 편성했다. 공통으로 편성했다는 것으로 미루어 짐작하면 교육활동을 전 학년이 함께하는 학교이다. 정말 필요한 행사는 입학식과 졸업식일 것이다.

나머지 행사 활동은 어떻게 할 수 있을까? 바로 교과 활동과 연계할 수도 있고, 중간놀이 시간을 활용한다면 행사 활동에 편성된 시수를 줄여 담임교사에게 되돌려줄 수 있다.

하지만 2009 개정 교육과정 시절 많은 학교가 행사 활동에 입학식, 방학식, 졸업식, 안전 행사 등의 행사 활동을 과다 편성하여 창의적 체험활동의 본연의 의의를 상실한 적이 있었다.

이에 대한 반성으로 2015 개정 교육과정에서는 행사 활동이 사라지게 됐다. 학교 현장에의 의식적인 행사 활동은 본연의 모습과 맞지 않다는 지적과 현장의 목소리를 반영하게 된 것이다.

2. 창의적 체험활동은 학교가 통제하는 시간이다?

시도교육청별로 다르지만, 전남교육청에서는 교육과정을 지원하고자 학교 교육과정을 피드백 해주는 시간이 있다. 학교 교육과정 편성 TF 팀원으로 활동할 때 학교 교육과정을 보면 학교의 특색이 드러나도록 잘 편성이 돼 있어 이 학교에 정말 근무하고 싶다는 생각이 들 때가 있다.

하지만 학교마다 고유의 특색을 잘 나타내지만 창의적 체험활동에 있어서는 아직도 제자리걸음인 것을 느낀다. 학교마다 학교에서 통제하는 시간이 너무 많고, 학년 또는 담임교사에게 주어지는 시수가 거의 없거나 너무 적다는 것이다.

대부분 학교가 학교 공통시간으로 창의적 체험활동의 50% 이상의 시수를 배정하고 있다. 왜 그럴까? 교사들이 창의적 체험활동에 목소리를 내지 않기 때문일 것이다. 우리들의 생활을 되돌아보자. 교육과정 평가회를 하다 보면 교과 중심, 교육활동 중심으로 토의와 토론이 이루어지는데 창의적 체험활동에 관한 이야기는 소홀할 때가 있다.

교사들의 이야기를 들어보면

- 창의적 체험활동은 체험 위주의 교육을 하면 되지 않나요?
- 현장체험 학습 등으로 연계할래요.
- 학교에서 프로그램을 편성해주세요.
- 학교에서 통제하는데 우리에게 편성권을 주나요?

많은 이야기를 들어보면서 문제점을 발견했다. 바로 의사소통과 편성의 방법이 하향식 접근(Top-down)이라는 것이다. 하향식 접근은 의사소통의 신속한 처리가 장점이지만 중앙통제 방식을 취하기 때문에 교사 전체의 목소리를 반영하지 못한다는 단점이 있다.

이런 문제로 인해 접근방식을 상향식 접근방식(Bottom-up)으로 전환을 해보았더니 학년에서 요구하는 프로그램과 학급에서 요구하는 시간이 편성됐다. 학년별 교사들의 많은 협의와 노력으로 일구어낸 성과인데 교사들이 창의적 체험활동을 다시 되돌아보는 계기가 됐다.

담임교사와 학년의 요구를 바탕으로 편성된 창의 주제 활동은 학년의 실태에 맞게 다양하게 편성됐고 내실 있게 운영됐지만, 일부 학년에서는 다소 잡음도 발생했다.

2019학년도에는 학년 단위의 3~4개의 창의 주제 활동을 많이 편성하다 보니 프로그램이 과열화돼 학년 교사들이 힘들어하는 모습을 엿볼 수 있었다.

2020학년도에는 학년에서 집중적으로 할 수 있는 2가지 프로그램을 학년 특색으로 편성하고 나머지 시간을 학급 담임교사에게 제공하여 내실 있는 학급 특색 프로그램을 편성하도록 했다.

학교 중심이 아닌 학년과 학급 중심으로 편성된 창의 주제 활동이 이루어진 결과 교사와 학생의 만족도는 증가했고, 교사들이 보는 시각도 변화가 됐다.

학년도＼학년	1학년	2학년	3학년	4학년	5학년	6학년	비고
2017	통일 교육, 스마트 교육, 성 보건 교육, 7560+, 프로젝트, 중국어 교육						학교 공통
2018	보고 그리기	독도사랑 한자 교육	놀이수학	스포츠 프로젝트	경제교육	중국어 교육	학년 특색
2019	창작 교육 놀이 활동	문화예술 행복공감 독서토론	중국어 안전교육 미디어 프로젝트 스포츠	안전교육 독도사랑 중국어 스포츠 스마트	놀이수학 프로젝트	프로젝트 창의융합 안전 교육	학년 특색
2020	회화 교육 민속놀이	어울림 프로젝트	안전교육 어울림	진로 프로젝트	목포사랑 놀이 교육	프로젝트 스마트	학년 특색
	학급별 담임 특색시간 별도 편성(8~24시간)						학급 특색

학년 특색은 동학년 교사들과의 협의가 필요하며, 학생들의 흥미와 관심, 소질과 특성을 살려줄 수 있는 창의적인 교육으로 편성돼야 한다. 학년부장의 관심도가 아닌 동학년 교사들의 의견이 반영돼야 한다는 의미이다.

제한된 시수에 내실 있는 창의적 체험활동을 편성하는 것은 어려운 일이다. 하지만 창의적 체험활동의 성격을 되짚어 본다면 좋은 아이디어들이 나올 것이다.

앞서 여덟 걸음에서 학급 특색에 관한 내용을 다루었다. 학년 특색과 학급 특색은 약간의 차이가 있다. 대부분의 학교가 학년 또는 학급 특색을 반영하여 운영하고 있지만 하지 않는 학교들도 있다. 운영에 대한 선택의 몫은 교사들이 해야 할 것이다.

진수샘's TIP

- 학교 공통 시수를 줄여라. 중간놀이 시간으로 해결할 수 있는 교육활동은 대체하라. 그러면 시수가 늘어날 것이다. 특히, 다모임 활동, 안전교육의 날, 체험학습, 방학식 등의 교육활동은 교과 연계 또는 중간놀이 시간으로 대체하여 시수를 확보하라.
- 학급 특색 및 학년 특색 시간이 없으면 교육과정 평가회를 통해 시수를 확보해라.
- 봉사 활동에 대한 시수를 5시간 이상으로 편성하는 학교가 있다. 이는 상급 기관의 지침에 의해서 편성하는 시수이다. 학교 교육과정위원회의 협의로 시수가 조정 가능하니 무조건 5시간 이상 편성하는 것은 옳지 못한 방법인 것 같다.

1. 우리 학교 창의적 체험활동 시수표를 분석해 보세요.

영역	활동		1학년		2학년		3학년		4학년		5학년		6학년		비고
			1학기	2학기	1학기	2학기	1학기	2학기	1학기	2학기	1학기	2학기	1학기	2학기	
자율활동	자치·적응활동	자치활동													
		적응활동													
	창의주제활동														
	소계														
동아리 활동															
봉사 활동															
진로 활동															
안전한 생활															
총 계															

▼

장려할 점	
개선할 점	

2. 우리 학년에서 해보고 싶은 학년 특색을 만들어 보세요.

영역	실태
심리적 특성	
사회적 특성	
인지적 특성	
신체적 특성	

▼

학년 특색교육 영역:	특색교육명:		
	활동 주제	활동 내용	편성 시수
			차시

3장

나의 **교사별 교육과정** 실천하기

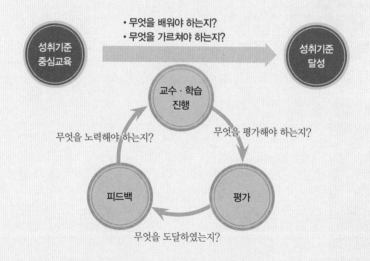

일반적인 교사의 하루를 들여다보자.

아침에 일어나 학교 출근 준비를 한다. 출근해서 학생들 출석 및 건강관리를 하고 수업 준비를 하며, 쉬는 시간 뛰어노는 학생들을 잡아서 혼내고, 급식지도를 한 뒤 다시 수업 그리고 하교 지도, 잠시 쉬고 다음 날 수업 교재연구 및 학교 업무, 다람쥐 쳇바퀴 돌 듯 하루하루가 반복적이다.

교사 브이로그를 촬영하면 재미가 없을 것 같다. 하지만 우리에게는 다른 변수가 있다. 갑작스러운 학교 업무, 학부모 민원, 학생들의 학교폭력 등 예상하지 못한 일들이 훅하고 들어온다.

이제는 나의 학급을 들여다보자.

학교에 출근해서 수업을 준비하는 과정을 들여다보면 알 것이다. 수업 준비를 열심히 한다. 자료도 찾고 만들고 학생들을 위해 많은 것을 준비한다.

그런데 문제가 있다.

– 학기 초 선생님이 편성한 교육과정은 어디 있는가?

– 학기 초에 편성한 교육과정으로 수업을 전개하는가?

– 학기 초에 편성한 평가계획으로 평가를 하는가?

학급 교육과정에 대한 컨설팅과 연수를 진행하면서 이런 물음을 던졌을 때 선생님들의 대답은…… 무응답이었다. 그런 이유는 편성한 교육과정은 결재용이며, 바쁜 생활의 탓인지 수업은 교육과정 편성이 아닌 지도서의 순서이며, 평가는 학기 말 또는 보결 수업 때 부탁을 한다. 교육과정—수업— 평가가 따로 따로 진행되는 모습이다.

왜 교육과정—수업—평가의 일관성을 강조할까?

교사들로 하여금 내실 있는 교육과정을 편성하여 수업에 적용하고 수업에 대한 안목을 길러 학생들의 특성에 맞는 평가를 하여 수업목표에 도달하도록 하기 위함이 아닐까 생각한다. 필자도 전체 수업을 일관성 있게 하지는 못하지만 실천하려고 매우 노력을 하고 있다.

지금까지 교육과정 편성에 대해 단계별로 알아보았다. 먼 길을 걸어온 선생님들에게 이제는 마지막으로 학급에서 실천하는 단계만 남았다. Part 3에서 안내한 것을 나만의 학급 교육과정으로 담아 실천한다면 선생님의 교육과정의 안목은 예전보다 업그레이드 돼 스스로 뿌듯할 것이다. 자! 이제 우리 실천해보자.

한걸음

한눈에 보는 일람표를 만들어 보라

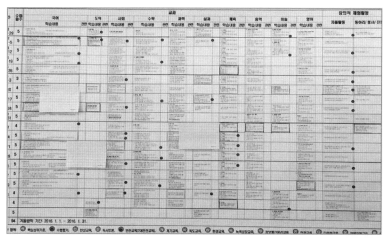

『출처: 영광초등학교』

　'일람표'를 떠올릴 때, 학기 말에 출력하는 종합일람표를 생각하는 교사는 현시대 교사이다. 모든 교과의 진도를 한눈에 펼친 종이를 생각하는 교사는 교육 경력이 30년 정도 훌쩍 넘은 선배 교사들이다. 2020년 현재, 일람표를 작성하는 학교와 교사는 매우 드물다.

일람표는 교과 진도 계획을 학기별로 한 장으로 정리한 교과와 창의적 체험활동의 전체적인 교과 진도 계획표다.

처음 교직 생활을 할 때 일람표 작성법을 배웠다. 처음에는 왜 하는지 이유를 몰랐지만 한 해 두 해 교육과정을 편성하다 보니 그 이유를 알게 됐다. 이유는 바로 교육과정의 범위와 수준, 학습 요소별 공통된 주제가 도출됐고, 프로젝트 학습을 계획할 수 있다는 것이다.

교육과정이 편성되면 일람표를 만들 수 있다. 하지만 일람표는 호불호가 갈려 교사들이 많이 하지 않지만, 소개하고자 한다.

일람표 편성의 장단점을 알아보자.

장점	• 우리 반 교육과정을 한눈에 볼 수 있다. • 주간 학습을 편성하기가 쉽다. • 현재의 교과 진도를 파악할 수 있다. • 유사한 성취기준을 연계하여 프로젝트 학습을 구안할 수 있다. • 만들어가는 교육과정을 실천할 수 있다. • 교육과정을 이해하게 된다. • 한 번 만들면 계속 만들고 싶은 욕망이 생긴다.
단점	• 가르쳐주는 사람이 없어 실천하지 못한다. • 편성하는데 시간이 오래 걸린다. • 교실에 부착하면 학생들의 시선이 따갑다. 반드시 실천해야 한다. • 매일 매일 교과 진도를 확인하여야 한다.

일람표를 실천하는 교사는 매우 드물다. 하지만 일람표를 작성하면 일 년의 교육과정을 꿰뚫을 수 있으며, 만들어가는 교육과정을 실천할 수 있다.

학급 담임교사를 할 때는 일람표를 꼭 만들어서 후배 교사들에게 만들도록 권유했지만, 교과 전담 교사를 한 후에는 일람표를 작성하지 않아 편하기도 하다.

지금 근무하고 있는 학교 선생님들이 교육과정을 편성하고 나면 일람표를 만들도록 할까 말까 고민을 매년 하곤 했다. 일을 만드는 것 같아 마음속으로만 생각하지만 한 번쯤은 해볼 만한 과정인 것 같다. 일람표의 내용이 너무 많아 간단하게 3월에 관한 내용만 예시로 제시를 하겠다.

일람표를 소개했으니 이 책을 읽는 선생님들은 한 번 실천해보는 것이 어떨까?

진수샘's TIP

- 일람표를 작성하기 위해서는 편집 용지를 B4 또는 A3로 작성하여 플로터 A1 크기로 확대 출력하면 좋다.
- 일람표는 출입문 쪽 칠판에 부착하여 학생들이 볼 수 있도록 게시하면 좋다. 교사와 학생이 교과 진도를 함께 확인하고 점검할 수 있기 때문이다.
- 글자의 색을 다르게 하라. 교과 진도 내용은 검정색, 평가는 빨강, 프로젝트 학습은 파랑 등 색을 다르게 하면 한눈에 영역별 내용을 볼 수 있다.
- 만들어가는 교육과정이기 때문에 월과 주, 범교과 학습 관련 칸은 수기로 기록하도록 빈칸으로 둔다.

[4학년 교육과정 일람표 예시]

월	주	수업일수	국어 성취기준	국어 학습 내용	관련	도덕 성취기준	도덕 학습 내용	관련	사회 성취기준	사회 학습 내용	관련
			교과								
			국어			**도덕**			**사회**		
		1	[4국02-05] 읽기 경험과 느낌을 다른 사람과 나누는 태도를 지닌다.	독서 단원, 책 읽고 생각을 나눠요 · 읽을 책 정하고, 책 내용 예상하기							
		5	[4국05-05] 재미나 감동을 느끼며 작품을 즐겨 감상하는 태도를 지닌다. [4국05-04] 작품을 듣거나 읽거나 보고 떠오른 느낌과 생각을 다양하게 표현한다.	· 어려운 낱말 찾기 · 낱말의 뜻을 찾아 가며 책 읽기 · 교과 학습 진단평가 · 책 내용 간추리기 / 생각 나누기 · 표현하기 / 정리하기 1. 생각과 느낌을 나눠요 · 시를 읽고 생각이나 느낌이 서로 다른 까닭 말하기(1)		[4도01-01] 도덕 시간에 무엇을 배우며 도덕 공부가 왜 필요한지를 알고 공부하는 사람으로서 지켜야 할 규칙을 모범 사례를 통해 습관화한다.	1. 도덕 공부, 행복한 우리 · 도덕의 의미와 도덕적인 생활의 필요성 알기		[4사02-03]옛 사람들이 생활 도구나 주거 형태를 알아보고, 오늘날의 생활 모습과 비교하여 그 변화상을 탐색한다.	4. 시대마다 다른 삶의 모습 · 단원 학습 내용 예상하기 · 자연에서 얻은 도구를 사용하던 옛날의 생활 모습 알아보기 · 교과 학습 진단평가	
		5	[4국02-05] 읽기 경험과 느낌을 다른 사람과 나누는 태도를 지닌다.	· 시를 읽고 생각이나 느낌이 서로 다른 까닭 말하기(2) · 시를 읽고 생각이나 느낌 나누기(1~2) · 이야기를 읽고 생각이나 느낌 나누기(1~2) · 읽어난 일에 대한 의견 말하기(1)			· 도덕 공부의 내용을 읽고 생활 속에 적용 및 실천하기			· 새로운 도구를 만들어 사용하던 옛날의 생활 모습 알아보기 · 농사 도구의 변화로 달라진 사람들의 생활 모습 알아보기	
		5	[4국02-02] 글의 유형을 고려하여 대강의 내용을 간추린다. [4국01-05] 내용을 요약하며 듣는다.	· 읽어난 일에 대한 의견 말하기(2) · 이야기를 읽고 의견 나누기(1~2) 2. 내용을 간추려요 · 글의 내용을 간추리는 방법 알기(1~2)			· 도덕 공부의 방법을 익혀 생활 속에 적용하기			· 음식과 옷을 만드는 도구의 변화로 달라진 사람들의 생활 모습 알아보기 · 사람들이 사는 집의 모습이 어떻게 변화했는지 알아보기 · 집의 변화로 달라진 사람들의 생활 모습 알아보기	
		5	[4국05-03] 이야기의 흐름을 파악하여 이어질 내용을 상상하고 표현한다.	· 글의 내용을 간추리는 방법 알기(1~2) · 이야기의 흐름에 따라 내용 간추리기(1~2) · 글의 전개에 따라 내용 간추리기(1~2)			· 도덕 공부를 꾸준히 해 가는 마음을 기르고 생활 속에서 실천하기		[4사02-04]옛날의 세시 풍속을 알아보고, 오늘날의 변화상을 탐색하여 공통점과 차이점을 분석한다.	· 세시 풍속이 무엇인지 알아보기 · 옛날에는 어떤 세시 풍속이 있었는지 알아보기 · 옛날과 오늘날의 세시 풍속 비교해 보기(1)	

월	주	수업 일수	교과									
			수학			과학			체육		
			성취기준	학습 내용	관련	성취기준	학습 내용	관련	성취기준	학습 내용	관련
		1		• 수 카드를 사용하여 여러 가지 수 놀이를 해 보기							
		5	[4수01-01] 10000 이상의 큰 수에 대한 자릿값과 위치적 기수법을 이해하고, 수를 읽고 쓸 수 있다.	• 교과 학습 진단평가 1. 큰수 • 생활 주변에서 큰 수가 사용되는 사례 찾아보기 • 10000에 대한 수 개념 맞추 감 형성하기 • 다섯 자리 수에 대해 알아보기			• 교과 학습 진단평가 1. 과학자처럼 탐구해 볼까요? • 탄산수가 만들어지는 과정 관찰하기 • 정확한 양을 측정하여 탄산수 만들기 • 탄산수 거품의 최고 높이 예상하기		[4체01-04] 여가 활동 경험을 바탕으로 여가 활동의 의미와 건강과의 관계를 탐색한다.	1. 건강 • 여가와 운동 방법의 이해 • 여가 활동이 건강에 미치는 영향 알아보기	
		5		• 십만, 백만, 천만을 알아보기 • 억과 조를 알아보기 • 뛰어 세기를 해보기			• 퇴적 새 분류하기 • 퇴적 새와 부리 모양과 먹이와의 관계 추리 • 퇴적 새와 부리 모양과 먹이의 관계 설명 2. 지층과 화석 • 초콜릿 조각 부딪혀보기		[4체01-06]건강을 유지, 증진하기 위한 체력 운동 및 여가 생활을 실천한다.	• 즐겁게 신체하기 • 즐겁고 안전하게 자전거 타기	
		5	[4수01-02] 다섯 자리 이상의 수의 범위에서 수의 계열을 이해하고 수의 크기를 비교할 수 있다.	• 수의 크기 비교해보기 • [생각수학] 사러진 숫자 알아보기 • 배운 내용 정리하기 • [탐구수학]		[4과06-01] 여러 가지 지층을 관찰하고 지층의 형성 과정을 모형을 통해 설명할 수 있다.	• 지층 모형 만들기 • 화석 모형 만들기 • 화석을 이용하여 생물의 모습과 환경 알아보기		[4체01-02] 다양한 운동 수행을 통해 체력의 향상과 건강한 생활을 경험한다.	ㅇ 학생건강체력증진 평가(PAPS)	
		5		• [탐구수학] (2) 2. 각도 • 각도에 대해 생각해 보고 각도를 재어야 하는 생활에 대해 이해하기		[4과06-03] 화석의 생성 과정을 이해하고 화석을 관찰하여 지구의 과거 생물과 환경을 추리할 수 있다.	• 자연사 박물관 꾸미기 • 지층과 화석 개념 정리하기 3. 식물의 한살이 • 식물이 자라는 과정 상상하여 그리기		[4체2-08] 수련을 통해 동작 수행이 어렵거나 두려운 상황을 극복하며 동작에 도전한다.	2. 도전 • 동작 도전의 이해 • 매트에 익숙해지기 • 앞구르기(1)	

월	주	수업일수	교과 음악 성취기준	음악 학습내용	관련	교과 미술 성취기준	미술 학습내용	관련	영어 성취기준	영어 학습내용	관련	창의적 체험활동 자율활동	동아리/봉사/진로	이수시간
		1								• 교과학습 진단평가		• (행사)사업식	• (봉사) 교내봉사활동	
		5	[4음03-02] 음악 놀이에 활용해 보고 느낌을 발표한다.	1.파릇파릇 음악이 자라요 • 놀이로 시작해요 • 노래 부르며 친구들과 친해지기 – 낱말이 놀이랑 놀이하기		[4미01-02]주변 대상을 탐색하여 자신의 느낌과 생각을 다양한 방법으로 나타낼 수 있다.	1. 자유로운 느낌과 생각 • 느낌과 생각 펼치기		[4영01-04] 쉽고 친숙한 표현을 듣고 의미를 이해할 수 있다. [4영01-03] 기초적인 낱말, 어구, 문장을 듣고 의미를 이해할 수 있다.	1. My Name Is Eric • 자기 소개하는 말을 듣고 이해하며 말하기 • 자신과 다른 사람을 소개하고 이에 답하는 말 하기		• (자치) 학급임원선거 • (자치)학급회의	• (동아리) 동아리 부서 배정	
		5	[4음03-02] 음악 놀이에 활용해 보고 느낌을 발표한다.	• 놀이하며 노래의 역할 이해하기 – '개구리 개굴청' 노래 부르며 놀이하기			• 대상을 탐색하여 느낌과 생각 나타내기		[4영02-04] 한두 문장으로 자기 소개를 할 수 있다. [4영04-02] 구두로 익힌 낱말이나 어구를 따라 쓰거나 보고 쓸 수 있다. [4영02-06] 쉽고 간단한 인사말을 주고 받을 수 있다.	• 다른 사람을 소개하는 문장 읽기 • 단원에서 배운 내용 확인하고 정리하기		• (적응) 학교 생활오리엔테이션 • (학교) 학급 프로젝트활동	• (동아리) 동아리활동(1~2/2)	
		5	[4음01-06] 바른 자세로 노래 부르거나 바른 악기 연주 자세와 주법으로 악기를 연주한다.	• 서양 음악에 쓰이는 타악기 – 서양 음악에 쓰이는 타악기의 연주 방법 알기 • 타악기 소리의 어울림을 느끼며 연주 – 타악기 소리의 어울림을 느끼며 '판타지 랜' 감상하기			• 대상을 정하여 느낌과 생각 표현하기 • 작품 감상하기					• (자치) 학생회임원선거 소견발표회 • (자치)학생회 임원선거	• (진로) 진로탐색활동	
		5		• 국악에 쓰이는 타악기 – 국악 타악기의 연주 방법과 음색 구별하기 – 국악 타악기로 연주하기		[4미01-01]자연물과 인공물을 탐색하는 데 다양한 감각을 활용할 수 있다.	2. 관찰하여 나타내기 • 식물이나 곤충 관찰하기			• 외국어 체험센터 (1~2/2)		• (보건) 성교육, 성폭력예방교육 • (학교) 학급 프로젝트 활동		

· 한 걸음 실천해요! ·

1. 일람표 작성에 대한 나의 생각을 적어보세요.

좋은 점	
추가하고 싶은 내용	

2. 3월 첫주 우리반 일람표를 만들어 보세요.

월	주	수업 일수	교과									창의적 체험활동		이수 시간
			성취기준	학습 내용	관련	성취기준	학습 내용	관련	성취기준	학습 내용	관련	자율활동	동아리/봉사/진로	

두 걸음

학생들과 만드는
프로젝트 학습을 실천해보라

통합교과연구회 '통통배'와의 연수 중에서

박 교사: 선생님들은 프로젝트를 실천하고 계시지요?

김 교사: 그렇죠. 통합교과가 주제 중심으로 편성돼 있으니 실천한다고 봐야죠.

박 교사: 그러면 어떻게 하고 계세요?

이 교사: 통합교과에 주제별로 편성이 돼 있어서 그대로 하죠. 조금 재구조화할 부분이 있으면 하고

박 교사: 어느 부분에서 재구조화를 하세요.

최 교사: 구성 차시 부분에서 하지요.

박 교사: 구성 차시 부분은 어떻게 하세요?

최 교사: 학생과 함께 만들어 가는데 지도서 내용을 많이 참고해서 내용을 만들지요.

박 교사: 그러면 구성 차시 부분은 교과가 정해져 있나요?

김 교사: 교과용 지도서에 제시된 대로 거의 하지요. 그래서 교과가 정해져 있다고 보면 됩니다.

박교사: 다른 교과로 바꾸면 안 되나요? 지도서에 '슬기로운 생활'로 편성돼 있다고 해서 '슬기로운 생활'만 해야 하나요? '바른생활'로는 안 되나요?

모두들: 그렇게도 가능하겠구나!

위의 대화는 3년 전쯤 교육과정―수업―평가의 일관성 연수를 권역별로 강의를 다니던 중 전남 서부권 통합교과 연수에서 교사들과 협의를 하던 중 일어난 일이다.

1~2학년 선생님들은 하루하루가 주제 중심 프로젝트 학습 수업을 하고 있다. 통합교과가 하나의 주제로 묶여 교과서로 집필되면서 교육계에도 신선한 바람이 부는 것 같다.

그것은 바로 주제 중심 학습인 프로젝트 학습이다.

> 프로젝트 학습은 인지적 지능을 비롯하여 다양한 지능이 학생에게 내재해 있음을 인정하고 그에 따른 다양한 학습양식이 존재한다는 관점에 입각한다. 프로젝트 학습은 학생에게 선택할 기회를 제공해 줌으로써 학습동기 및 학습 의욕을 진전시키고 촉발시킬 수 있다.

「출처: 초등교과교육연구 4권 2호 2017년 가을」

전국에는 교과를 연구하는 교사들의 모임이 참 많다. 전라남도교육청에는 초등학교와 중학교 교사들의 연구단체인 교과연구회와 학회가 유명하다. 특히 토요일에 공개하는 4번의 공개수업에는 수천 명의 교사들이 참관하기로 유명하다. 한때 교과연구회에서도 프로젝트 학습으로 공개수업을 하곤 했다.

왜 이렇게 프로젝트 학습에 관심을 가지는 것일까? 이것은 바로 학생 중심의 학습이 이루어지기 때문일 것이다.

앞서 'Part 2. 3장 성취기준 이해하기 2) 성취기준 연결을 통한 교과 간 맵핑 사례'를 통해 간단한 방법을 소개했다.

프로젝트 수업은 교과 간, 교과 내, 단원 주제 중심 등 다양한 방법으로 전개할 수 있다. 주제 만나기 단계부터 발표 및 평가를 한꺼번에 할 수 있다는 장점이 있어 인해 교사들이 선호하는 방법이기도 하다.

지금 소개하는 프로젝트 수업은 정석이 아니다. 프로젝트를 정석으로 하는 교사들이라면 아래의 방법을 비난할 수 있다. 하지만 여기서 말하고 싶은 것은 교사들이 프로젝트 수업을 꺼리는 이유는 교육과정 편성이 어렵다고 느끼기 때문이다. 그래서 여기서는 간략하게 소개하고자 한다.

STEP 1. 성취기준 연결하기

프로젝트 수업을 하기 위해서는 성취기준을 살펴보아야 한다. 성취기준의 내용은 교과마다 다르다. 하지만 공통적인 연결점은 있다. 학습 요소를 살펴보고 공통점이 있다면 교과 간으로 연결을 지어라.

교과	성취기준
국어	[6국01-07] 상대가 처한 상황을 이해하고 공감하며 듣는 태도를 지닌다.
도덕	[6도02-01] 사이버 공간에서 발생하는 여러 문제에 대한 도덕적 민감성을 기르며, 사이버 공간에서 지켜야 할 예절과 법을 알고 습관화한다.

STEP 2. 교사의 수업 의도를 세워라.

프로젝트의 핵심은 수업 의도다. 교사가 어떤 의도를 가지고 수업을 진행하느냐에 따라 수업의 방향도 정해지기 마련이다. 우리 반에서 폭력의 심각성을 일깨우고 싶다거나 학교폭력 예방주간을 내실 있게 실천하고 싶은 의도를 가져야만 실천으로 옮겨진다.

수업 의도	• 학교폭력 예방 주간을 맞이하여 학생들에게 학교폭력의 심각성을 일깨우고자 수업을 고민 • 국어와 도덕에 제시된 성취기준을 분석하던 중 성취기준간 연결성이 보여 두 성취기준으로 프로젝트 수업을 구성

STEP 3. 수업 전 준비사항 점검하기

프로젝트 수업을 하기 위해서는 부수적으로 준비해야 할 것들이 많다. 몇 시간으로 운영을 할 것인지, 교과별 시간표 배치는 어떻게 할 것인지, 수업에 필요한 것들은 무엇이 있는지를 사전에 파악하여 준비해야 한다.

수업 구성	• 프로젝트 수업에 따른 교과 시간 배치 • 수업에 필요한 물리적 환경 구성(모둠, 기자재, 수업자료 등)

STEP 4. 가상의 주제 선정하기

프로젝트 수업은 학생과 함께하며 수업의 주도권을 학생에게 이양할 수도 있다. 물론 학생과의 호흡이 잘 맞아야 가능하지만 교사 위주의 수업 구성보다는 함께 만들어가는 것이 좋다. 이에 교사는 사전에 수업 구상을 하면서 가상의 프로젝트 주제를 만들어 놓고 주제 만나기 단계에서 학생들과 함께 주제를 선정하면 된다.

주제 선정	• 주제 고려: 교사가 의도하고자 하는 수업을 구상하고 프로젝트 학습 도입 때 학생들과 함께 주제를 선정 • 주제: 보이지 않는 언어폭력 싫어요!

STEP 5. 성취기준에 따른 수업내용 재구조화 하기

프로젝트 수업을 전개하기 위해서는 교과 내용의 재구조화가 필요하다. 교과와 교과가 연결되는 과정이기에 지도의 순서, 학습 내용의 연결성 등을 고려해야 한다.

또한 프로젝트 학습에 필요한 교과 시수 증배의 필요성과 학습의 난이도를 사전에 고려하여 학습순서를 구성하여야 한다.

국어(5학년 2학기)		
단원	차시	차시별 활동 내용
1. 마음을 나누며 대화해요	1/8	프로젝트 주제 만나기 프로젝트 학습 계획 세우기
	2/8	공감의 필요성 알아보기
	3/8	공감 대화법 배우기
	4/8	공감 대화법으로 대화하기
	5/8	누리 소통망의 특징과 대화하는 방법 알기
	6/8	예절을 지키며 누리 소통망에서 대화하기
	7/8	사이버 공간에서 친구와 대화하기
	8/8	사이버 폭력 상황을 올바른 인터넷 예절로 바꾸기 프로젝트 발표 및 평가하기

도덕(5학년 2학기)		
단원	차시	차시별 활동 내용
4. 밝고 건전한 사이버 세상	1/4	사이버 공간의 특징 알아보기
	2/4	사이버 공간에서 네티켓 실천하기
	3/4	개인정보와 저작권 존중하기
	4/4	함께 만들어가는 사이버 세상

STEP 6. 지도 순서에 따른 차시별 내용 배열하기

본격적인 프로젝트 수업을 구성하기 위해 교사는 지도 순서를 주제의 내용에 맞게 배열하며, 학습에 대한 전체적인 수업의 흐름에 따라 차시별 수업내용을 재구조화 하여 수업의 효율을 높여야 한다. 이런 이유로 앞서 소개한 일람표가 필요하며, 일람표가 있다면 프로젝트 학습 구상에도 효율적으로 활용될 것이다.

주제	교과	차시	성취기준	차시별 활동 내용
보이지 않는 언어폭력 싫어요!	국어	1/12	〔6국01-07〕상대가 처한 상황을 이해하고 공감하며 듣는 태도를 지닌다.	▶ 프로젝트 주제 만나기 – 교과서 28~29쪽을 보면서 프로젝트 주제 정하기 ▶ 프로젝트 학습 계획 세우기 – 공감과 소통의 필요성 인식을 바탕으로 프로젝트 계획 세우기
		2/12		▶ 공감의 필요성 알아보기 – 평소 자신이 상대의 말을 듣는 태도 생각해보기 – 기분 좋은 말과 기분 상하게 하는 말 분류하기 – 대화에서 잘못된 점 찾아보기
		3/12		▶ 공감 대화법 배우기 – 평소 대화 상황을 보고 문제점 찾아보기 – 같은 상황 다른 느낌: 여러 상황에서 각자 다른 대사를 해보기
		4/12		▶ 공감 대화법으로 대화하기 – 경청하는 법, 처지를 바꾸어 생각하는 법, 공감하며 말하는 법 익히기 – 온라인 수업 상황에서 공감하며 대화 연습하기
	도덕	5/12	[6도02-01]사이버 공간에서 발생하는 여러 문제에 대한 도덕적 민감성을 기르며, 사이버 공간에서 지켜야 할 예절과 법을 알고 습관화한다.	▶ 사이버 공간의 특징 알아보기 – 사이버 공간의 의미 알아보기 – 사이버 공간의 필요성 알아보기 – 사이버 공간의 긍정적인 면과 부정적인 면 분류하기
	국어	6/12	〔6국03-02〕목적이나 주제에 따라 알맞은 내용과 매체를 선정하여 글을 쓴다.	▶ 누리 소통망의 특징과 대화하는 방법 알기 – 누리 소통망의 특징 살펴보기 – 우리반 누리 소통망 대화글 살펴보기
	도덕	7/12	[6도02-01]사이버 공간에서 발생하는 여러 문제에 대한 도덕적 민감성을 기르며, 사이버 공간에서 지켜야 할 예절과 법을 알고 습관화한다.	▶ 사이버 공간에서 네티켓 실천하기 – 우리반 누리 소통망 네티켓 정하기 – 네티켓 지킴이가 되기 위한 행동 연습하기 – 네티켓 지킴이가 되기 위한 실천계획표 만들기

국어	8 /12	〔6국03-02〕목적이나 주제에 따라 알맞은 내용과 매체를 선정하여 글을 쓴다.	▶ 예절을 지키며 누리 소통망에서 대화하기 – 네티켓 지킴이가 돼 소통하기 (온라인 과제에 대한 댓글 올리기, 학급 대화방에서 소통하기)
도덕	9 /12	[6도02-01]사이버 공간에서 발생하는 여러 문제에 대한 도덕적 민감성을 기르며, 사이버 공간에서 지켜야 할 예절과 법을 알고 습관화한다.	▶ 개인정보와 저작권 존중하기 – 개인정보와 저작권에 대해 알아보기 – 나의 개인정보와 저작권이 침해됐을 때 나의 입장 살펴보기 – 내가 개인정보와 저작권을 침해했을 대 상대방의 입장 살펴보기
도덕	10 /12		▶ 함께 만들어가는 사이버 세상 – 사이버 폭력 동화 '피노키오' 상황 살펴보기 – 사이버 공간에서 지켜야 할 소중한 가치 찾아보기 – 우리반 누리 소통망을 통해 나의 모습 되돌아보기
국어	11 /12		▶ 사이버 공간에서 친구와 대화하기 – 올바른 언어로 대화하기(가족, 친구, 선생님 등)
국어	12 /12	〔6국03-02〕목적이나 주제에 따라 알맞은 내용과 매체를 선정하여 글을 쓴다.	▶ 사이버 폭력 상황을 올바른 인터넷 예절로 바꾸기 – 공감하며 대화하는 방법을 떠올리며 상황에 맞는 올바른 대화 만들기 ▶ 프로젝트 발표 및 평가하기 – 자신의 실천 계획 발표 및 자기 점검하기

STEP 7. 프로젝트 학습에 대한 평가 계획하기

수업 구상이 다 됐으면 이제 마지막 평가를 어떻게 할 것인지를 고민하여야 한다. 프로젝트 학습은 과정이 평가이지만 전체적인 학생평가를 위한 관점을 계획하여야 한다.

[5학년 2학기 국어와 도덕 교과 간 프로젝트 수업 구상도]

교과	단원	영역	성취기준		평가 기준	평가 시기
국어	1. 마음을 나누며 대화해요	듣기 말하기	〔6국01-07〕상대가 처한 상황을 이해하고 공감하며 듣는 태도를 지닌다.	상	학교폭력 상황에서 상대가 처한 상황을 이해하고 공감하며 듣는 태도가 중요함을 알고 다양한 상황에서 지속적으로 실천한다.	4/12 차시
				중	학교폭력 상황에서 상대가 처한 상황을 이해하고 공감하며 듣는 태도가 중요함을 알고 이를 실천한다.	
				하	학교폭력 상황에서 상대가 처한 상황을 이해하고 공감하며 듣는 태도가 중요함을 알고 일부 상황에서 이를 실천한다.	
		쓰기	〔6국03-02〕목적이나 주제에 따라 알맞은 내용과 매체를 선정하여 글을 쓴다.	상	우리반 누리 소통망을 통해 주어진 주제에 올바른 표현의 글을 효과적으로 드러나도록 글을 쓸 수 있다.	8/12 차시
				중	우리반 누리 소통망을 통해 주어진 주제에 올바른 표현의 글을 쓸 수 있다.	
				하	우리반 누리 소통망을 통해 주어진 주제에 올바른 표현의 글을 쓰려고 노력한다.	
도덕	4. 밝고 건전한 사이버 세상	타인과의 관계	[6도02-01]사이버 공간에서 발생하는 여러 문제에 대한 도덕적 민감성을 기르며, 사이버 공간에서 지켜야 할 예절과 법을 알고 습관화한다.	상	사이버 공간에서 발생하는 언어 표현 문제에 도덕적으로 민감성하게 반응하며, 사이버 공간에서 지켜야 할 예절과 법을 알고 자발적으로 실천한다.	10/12 차시
				중	사이버 공간에서 발생하는 언어 표현 문제에 도덕적으로 민감성하게 반응하며, 사이버 공간에서 지켜야 할 예절과 법을 알고 실천한다.	
				하	사이버 공간에서 발생하는 언어 표현 문제를 도덕적으로 고려하며, 사이버 공간에서 지켜야 할 예절과 법을 알고 노력한다.	

프로젝트 학습을 위한 준비가 마무리됐으면 이제는 실천만 남았다. 여러 가지의 단계를 거쳐야 하기에 교사들은 일반 수업을 선호한다. 하지만 힘든 과정인 만큼 결과의 열매도 달기에 한 번쯤은 해보라고 권유한다.

'실패는 있어도 시련은 없다'라는 현대그룹 전 명예회장 정주영 씨의 말이 있다. 해보지 않고서는 실패도 없으며 시련도 없다. 해보고 문제점을 찾고 업그레이드를 해 나간다면 교육과정에 대한 문해력과 프로젝트 학습에 대한 흥미가 있을 것이다.

진수샘's Tip

- 프로젝트 학습을 전개하다 보면 시수가 부족할 때도 있다. 사전 구상 시 학습 시간이 부족할 경우 교과 재량시간을 이용하여 증배하면 좋다.
- 프로젝트 학습 시 첫 차시인 주제 만나기와 마지막 평가를 빠뜨리는 경우가 있다. 이 과정은 프로젝트 학습의 핵심이기에 반드시 하여야 한다.
- 프로젝트 학습의 과정을 사진 또는 동영상으로 촬영을 해 놓아 학생들의 학습 과정을 나이스 학기 말 평가에 기록을 해라.
- 프로젝트 발표 후 산출물은 반드시 전시하고 동료평가를 할 수 있는 기회를 제공하라. 교사의 관점에서 보이지 않은 점을 학생들이 발견할 수 있다.

1. 학생들과 하고 싶은 프로젝트 학습이 있나요?

2. 구상한 프로젝트 학습을 만들어 보세요.

교과	성취기준
( )	
( )	

수업 의도	
수업 구성	
주제 선정	
차시 구성	
평가 계획	

세 걸음

교육과정과 수업이 연계된
평가를 실천하라

나는 한때 유행에 민감했다. 중학교 시절에는 서태지 앨범을 사기 위해 레코드 가게 앞에 줄을 섰다. 고등학교 시절에는 농구붐이 일어났다. 나는 에어 조던 신발을 사기 위해 나이키 매장 앞에서 줄을 또 섰다. 대학에 입학해서는 처음으로 줄무늬 염색을 했고, 백팩을 메고 후드티를 입고 캠퍼스를 다녔던 기억이 난다.

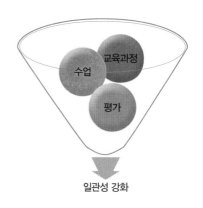

요즘 TV를 보다 눈에 띄는 광고가 있었다. 차 공간 안에서 취향이 다른 X Y Z세대(X세대 70년대생, Y세대 80년대생, Z세대 밀레니엄 2000년대생)가 노래를 놓고 티격태격하는 장면을 보면서 우리 집의 모습이라는 생각을 했다. 우리 집도 차에서 노래를 틀면 서로 취향이 달라 서로의 노래를 바꾸곤 한다.

우리 교육계에도 유행이 있는 것 같다. 요즘 교육계의 핫이슈는 무엇일까? 당연 코로나19지만 이걸 제외하면, 교사 수준 교육과정, 학생 중심수업, 배움 중심수업, 프로젝트 수업, 과정중심평가 등일 것이다.

교육과정을 수업으로 담아 평가로 이어지는 일관성은 참 어려운 과정이다. 학기 초에 교육과정을 주도면밀하게 분석하지 않고서는 하루하루가 만들어가는 교육과정이 되고 만다. 교사들은 교육과정 편성과 수업에 대한 노하우는 아주 뛰어나다. 그러나 평가 관련 영역에 대한 연수를 강화하는 것으로 보아 평가를 변화시키려고 하는 것 같다.

많은 교사가 교육과정—수업—평가의 일관성(일체화)과 관련된 연구와 서적을 접했고 자신만의 방법으로 적용을 하고 있다. 그래서 이 부분을 언급하는 것은 조금 껄끄러운 면이 있다.

하지만 교육과정과 수업 평가의 일관성 연수를 바탕으로 학교에서 실천하는 방법을 간단하게 소개하도록 하겠다. 선생님들의 여건에 맞게 변형하여 활용하길 바란다.

STEP 1. 성취기준 분석하기

교과에 대한 성취기준을 내용과 기능으로 나누어 분석하고 학습 요소를 추출하며, 이는 교사의 교육과정 문해력 수준과 취향에 따라 다양한 형태로 분석될 수 있다. 다음 4학년 도덕과를 기준으로 분석을 해보자.

교과	성취기준
도덕	[4도04-02] 참된 아름다움을 올바르게 이해하고 느껴 생활속에서 이를 실천한다.
학습요소	사람의 아름다움, 참된 아름다움, 아름다운 삶의 모습 등

성취기준을 살펴보았다면 학습 요소와 성취기준 해설을 참고하여 내용과 기능요소로 분석을 하여 수업내용과 평가 방법을 구상하여야 한다.

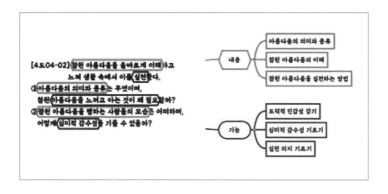

STEP 2. 분석된 성취기준을 학습(평가) 요소로 연계하기

성취기준을 분석했다면 학습(평가) 요소와 연계를 하여 수업에 대한 기초 계획을 세운다. 성취기준 분석이 기초 설계도 작성이라면 학습과 평가 요소로 연계하는 것은 세부 설계도 작성으로 볼 수 있다. 여기서 수업에 대한 로드맵이 탄생하게 되는 것이다.

내용	기능
아름다움의 의미와 종류	도덕적 민감성 갖기
참된 아름다움의 이해	심미적 감수성 기르기
참된 아름다움을 실천하는 방법	실천 의지 기르기

학습(평가) 요소	차시
①아름다움의 의미와 종류 이해하기	1/4
②참된 아름다움을 올바르게 설명하기	2/4
③참된 아름다움을 생활 속에서 실천하기	3~4/4

위의 분석은 지도서에 제시된 차시 내용과는 다르다. 우리는 일반적으로 도덕 수업은 1차시는 지식이해중심, 2차시는 실천중심, 3차시는 가치 판단중심, 4차시는 정서·행동 중심으로 알고 있다. 이렇게 수업이 다르게 분석된 이유는 교사의 교육관이 적용됐기 때문이고 평소 학생들을 관찰한 결과를 반영했기 때문이다.

STEP 3. 학습(평가) 요소와 평가과제 연계하기

성취기준에서 분석한 학습 요소를 평가하기 위해 평가과제를 구안하여 과정중심평가 과제를 개발한다. 차시별 학습 요소에 대한 평가과제를 제시하여 수업 방법과 평가 방법을 미리 염두에 둔다.

차시	1/4	2/4	3~4/4
학습 (평가) 요소	①아름다움의 의미와 종류 이해하기	②참된 아름다움을 올바르게 설명하기	③참된 아름다움을 생활 속에서 실천하기
평가 과제	· 세 가지 아름다움의 의미와 각각의 예를 적어보기	· 모둠 토론 후 자신이 생각하는 참된 아름다움의 의미와 그렇게 생각한 까닭 적어보기	· 참된 아름다움을 위해 자신이 노력할 점을 계획으로 세워 실천하고 점검하기 · 참된 아름다움을 실천한 후, 반성할 점과 앞으로의 나의 다짐을 구체적으로 적기

STEP 4. 평가 요소 결정하기

구안한 평가과제를 바탕으로 채점기준표에서 활용할 평가 요소를 결정하며, 교과의 내용 체계를 탐색하여 학습의 흐름과 계열을 확인하여야 한다. 이미 학습한 내용을 평가하거나 후속 학습에서 학습할 내용을 미리 평가하면 안 되기 때문이다.

평가 요소				
아름다움의 의미와 종류 이해	참된 아름다움 판단	참된 아름다움을 실천하는 방법 이해	참된 아름다움 실천	참된 아름다움에 대한 실천 의지 갖기

STEP 4. 평가 요소 결정하기

평가 요소가 추출됨에 따라 각 평가 요소별로 최저와 최대 기대 수행의 범위를 결정하여야 한다. 평가 척도의 수를 몇 개로 해야 하는지에 대한 명확한 기준은 없으나, 주로 학생들의 수행 수준을 신뢰로 구분할 수 있다고 판단되는 수로 결정하면 좋다.

평가 요소 (차시)　　평가 척도	아름다움의 의미와 종류 이해 (1/4)	참된 아름다움 판단 (2/4)	참된 아름다움을 실천하는 방법 이해 (3/4)	참된 아름다움 실천 (3/4)	참된 아름다움에 대한 실천 의지 갖기 (4/4)
매우 잘함					
잘함					
보통					
노력이 필요함					

STEP 5. 평가 요소에 따른 수준별 기대 수행과 배점 부여하기

STEP 4에서 추출된 평가 요소에 대한 학생의 수준별 기대수행을 기술하고 그에 적합한 배점을 부여함으로써 전체적인 평가 요소에 대한 학생의 수준을 상 중 하로 제시한다.

평가 요소 (차시) / 평가 척도	아름다움의 의미와 종류 이해 (1/4)	참된 아름다움 판단 (2/4)	참된 아름다움을 실천하는 방법 이해 (3/4)	참된 아름다운 실천 (3/4)	참된 아름다움에 대한 실천 의지 갖기 (4/4)
매우 잘함	세 종류의 아름다움의 의미를 모두 적절하게 씀 아름다움의 예를 각각 2가지 이상 관련 있게 씀 (20점)	참된 아름다움 (내면적, 도덕적)이 무엇인지 구체적인 까닭을 들어 씀 (20점)	각각의 아름다움을 가꾸는 것과 관련 있는 구체적인 계획을 세움 (20점)	세 종류의 아름다움과 관련해 노력할 점을 5일간, 하루도 빠짐없이 실천함 (20점)	참된 아름다움을 실천한 후 반성할 점과 앞으로의 실천 다짐을 구체적으로 씀 (20점)
잘함	두 종류의 아름다움의 의미를 적절하게 씀 아름다움의 예를 각각 2가지 관련 있게 씀 (18점)	외적인 아름다움을 참된 아름다움이라 생각하며 이에 적절한 까닭을 씀 (18점)	각각의 아름다움을 가꾸는 것과 관련 있는 계획을 세움 (18점)	세 종류의 아름다움과 관련해 노력할 점을 하루 동안 실천하지 못함 세 종류의 아름다움을 부분적으로 (3회 이하) 실천하지 못함 (18점)	참된 아름다움을 실천한 후 반성할 점과 앞으로의 실천 다짐을 씀 (18점)
보통	한 가지 아름다움의 의미를 적절하게 씀 아름다움의 예를 각각 1가지 관련 있게 씀 (15점)	참된 아름다움이 무엇인지 판단하여 썼으나 까닭이 구체적이지 못함 (15점)	두 종류의 아름다움과 관련해 노력할 점이 계획에 드러남 (15점)	세 종류의 아름다움과 관련해 노력할 점을 2~3일 실천하지 못함 세 종류의 아름다움을 부분적으로 (9회 이하) 실천하지 못함 (15점)	반성할 점과 앞으로의 실천 다짐 중 한 가지만 씀 (15점)
노력이 필요함	아름다움의 의미가 적절하지 않음 아름다움의 예를 썼으나 관련이 부족함 (12점)	참된 아름다움에 대한 생각과 까닭을 쓰지 못함 (12점)	아름다움과 관련해 노력할 점이 계획에 명확히 드러나지 않음 (12점)	세 종류의 아름다움과 관련해 노력할 점을 4일 이상 실천하지 못함 세 종류의 아름다움을 거의(10회 이상) 실천하지 못함 (12점)	반성할 점과 앞으로의 실천 다짐이 글에 명확히 드러나지 않음 (12점)

STEP 6. 채점기준표를 학생들과 공유하고 논의하여 수정하기

채점기준표의 초안이 만들어지면 같은 학생의 과정중심평가 과제물에 대해 교사별 판정이 일치하는지 검토를 하고, 일치하지 않는 경우 수준별 기대수행 기술을 좀 더 구체적으로 수정할 수 있다.

STEP 7. 수업 적용 그리고 수정 및 보완

완벽한 채점기준표를 개발할 수는 없다. 앞에서 언급한 것처럼 교육과정도 모두 성취기준을 분석할 수 없기에 평가 또한 마찬가지이다. 교사가 수행할 수 있는 것을 선택하여 하나씩 조금씩 단계별로 해가는 것이 가장 중요한 마음가짐일 것이다.

그리고 채점기준표에 오류가 발생했을 경우 수정 및 보완을 지속적으로 하는 것이 중요하다.

진수샘's Tip

- 학습 요소에 따라 평가 요소도 달라지겠지만 평가 요소를 너무 많이 추출하다 보면 교사의 부담도 늘어난다. 수업에서 할 수 있는 것만 추출하는 것이 좋다.
- 평가과제 시작 전 학생들에게 제공하고 채점기준표에 대해 활발하게 논의하게 하는 것도 방법이다.

네 걸음

교육과정과 수업이 연계된 사례 엿보라

1. 교육과정 편성

도덕		[4도04-02] 참된 아름다움을 올바르게 이해하고 느껴 생활 속에서 이를 실천한다.
평가기준	상	참된 아름다움을 올바르게 설명할 수 있고 생활 속에서 적극적으로 실천한다.
	중	참된 아름다움을 올바르게 파악할 수 있고 생활 속에서 실천한다.
	하	참된 아름다움에 올바르게 대해 생각해 볼 수 있고 생활 속에서 실천을 다짐한다.
교과역량		도덕적 정서 능력, 윤리적 성찰 및 실천 성향

1) 성취기준 분석

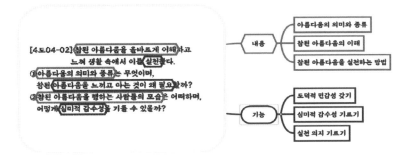

내용	기능
아름다움의 의미와 종류	도덕적 민감성 갖기
참된 아름다움의 이해	심미적 감수성 기르기
참된 아름다움을 실천하는 방법	실천 의지 기르기

학습(평가) 요소	차시
①아름다움의 의미와 종류 이해하기	1/4
②참된 아름다움을 올바르게 설명하기	2/4
③참된 아름다움을 생활 속에서 실천하기	3~4/4

2. 차시별 수업 전개

차시	교수·학습 활동	평가 및 피드백 계획
1차시	• 단원도입 • 학습문제 안내 [활동1] 우리 주변의 아름다운 사람 찾기 [활동2] 아름다움의 의미와 종류 알기	▪ 서술형 평가 - 아름다움의 의미와 각각의 예 쓰기
2차시	• 학습문제 안내 [활동1] 참된 아름다움에 대해 토론하기 [활동2] 참된 아름다움에 대해 이해하기	▪ 서술형 평가 - 자신이 생각하는 참된 아름다움의 의미와 그렇게 생각한 까닭 쓰기
3차시	• 학습문제 안내 [활동1] 참된 아름다움을 실천하는 모습 살펴보기 [활동2] 참된 아름다움을 실천하기 위한 계획 세우기	▪ 서술형, 관찰, 자기평가 - 참된 아름다움을 위해 자신이 노력할 점을 계획으로 세워 실천하고 점검하기
4차시	• 학습문제 안내 [활동1] 아름다움을 위해 내가 실천한 내용 발표하기 [활동2] 반성할 점과 앞으로의 다짐 나누기	▪ 서술형 평가 - 참된 아름다움을 실천한 후, 반성할 점과 앞으로의 나의 다짐을 구체적으로 적기

▪ 예상되는 어려움

• 아름다움 실천 계획을 수립할 때에는 형식적인 자기점검 체크리스트를 완성하기보다는, 단 한 가지라도 아름다움을 대하는 올바른 태도를 실천하고자 하는 의지를 기를 수 있도록 해야 한다.
• 형식적으로 사회적 통념에 대해 지도하기보다는, 학생들이 직접 체험하여 감정적, 정서적 차원에서 보다 깊숙이 받아들이고 사랑할 수 있는 경험을 제공하도록 해야 한다.
• 아름다움의 의미와 실천계획, 실천의지를 매우 잘 서술했다고 하더라도 '태도' 및 '실천' 측면에서 부족한 모습을 보일 수 있으니, 매일 스스로 점검하고 반성할 수 있게 해야 한다.

3. 평가하기

단원/차시	3. 아름다운 사람이 되는 길 (4/4)	평가 과제	참된 아름다움을 실천한 후, 반성할 점과 앞으로의 나의 다짐을 구체적으로 적기
성취기준		[4도04-02]참된 아름다움을 올바르게 이해하고 느껴 생활 속에서 이를 실천한다. ①아름다움의 의미와 종류는 무엇이며, 참된 아름다움을 느끼고 아는 것이 왜 필요할까? ②참된 아름다움을 행하는 사람들의 모습은 어떠하며, 어떻게 심미적 감수성을 기를 수 있을까?	
평가 방법		■ 서술·논술　□ 토의·토론　□ 구술·발표　□ 프로젝트 □ 보고서　　□ 실험·실습　□ 포트폴리오　□ 기타 □ 자기평가　□ 동료평가　□ 관찰평가	

평가 도구 (평가 문항)

■ 참된 아름다움을 실천한 후 반성할 점과 앞으로의 실천 다짐을 구체적으로 적어 봅시다.

종류	반성할 점과 앞으로의 실천 다짐
외면적 아름다움	
내면적 아름다움	
도덕적 아름다움	

채점기준표

평가 요소 / 평가 척도	참된 아름다움에 대한 실천 의지 갖기
매우 잘함	참된 아름다움을 실천한 후 반성할 점과 앞으로의 실천 다짐을 모두 구체적으로 씀(20점)
잘함	참된 아름다움을 실천한 후 반성할 점과 앞으로의 실천 다짐을 씀(18점)
보통	반성할 점과 앞으로의 실천 다짐 중 한 가지만 씀(15점)
노력이 필요함	반성할 점과 앞으로의 실천 다짐이 글에 명확히 드러나지 않음(12점)

평가 시 유의점

· 지난 일주일간 아름다움을 가꾸기 위해 자신이 노력한 결과를 토대로, 반성할 점과 다짐을 구체적으로 서술하게 한다.
· 반성할 점은 잘못하거나 아쉬운 내용뿐만 아니라 잘한 내용도 돌아보고 더 발전시킬 수 있는 방향을 찾는 과정임을 안내한다.

교육과정과 수업, 평가가 연계된 것을 단계별로 살펴보았다. 이와 같은 과정을 모두 거쳐야 한다면 우리는 정시에 퇴근할 수 없을 것이다. 하지만 이런 과정을 거친다면 우리 반 학생들의 모습은 달라질 것이다.

우리 교사들은 **교육과정— 수업— 평가**의 일관성과 관련된 방법적인 지식을 이미 알고 있다. 다만 교실 속에서 실천하기를 두려워할 뿐이다.

선생님들! 우리 이제 실천해봅시다.

그리고 실천하면 함께 나누어봅시다.

그러면 나의 성장이 더욱더 올라갑니다.

교사에게 '학교란 무엇인가?'

대학 시절 교육과정에 흠뻑 빠진 적이 있었다. 교육과정 강의 시간이 제일 기다려졌고 우리나라의 교육 변천과 세계의 교육 사조, 학자들의 이론들을 공부하면서 그 매력에 사로잡히곤 했다.

따분하기도 하고 지겨운 교육과정이 학교 현장에서도 나에게 즐거움과 고민에 빠뜨리기도 했다. 학생을 위해, 교사를 위해, 지역공동체를 위해 우리 학교가 할 수 있는 교육활동을 구성하고 편성하는 것이 학교 교육과정이다.

이런 큰 매력이 있는 교육과정을 아무런 경험과 지식이 없던 햇병아리 시절을 되돌아보면 얼굴이 화끈거린다. 그 시절엔 무조건 앞만 보고 직진하여 많은 교사와 의견 충돌이 있었다. 감추고 싶은 시절이다. 교육과정에 대해 아무것도 몰랐던 시절이었다. 이에 대해 스스로 반성하고 연구하기 시작했다.

2016년 패기와 열정으로 낙후된 지역의 학교를 일으켜 세워보겠다는 신념으로 후배들과 열심히 힘을 모았던 적이 있었다. 남들은 1년이면 떠나는 학교를 4명의 교사가 4년 만기가 돼서야 떠나게 됐다. 그만큼 학교에 대한 애정과 사랑이 있었기에 가능한 일이었지만 그 속에는 뜨거운 가르침을 주신 한 분의 교감 선생님이 계셨기에 가능했고, 그해 '100대 교육과정 우수학교'에 선정되는 영광을 얻기도 했다.

지금도 그 학교를 지나면 항상 그때를 생각한다. 새벽까지 학교 발전을 위해 교육과정을 연구하고 토의했던 열정을 가끔씩 그리고는 한다.

이제는 후배들을 위해 교육과정을 지도하고 함께 연구하면서 몇 가지 아쉬운 점을 느끼곤 한다. 그것은 바로 교육과정에 대한 교사의 애착이 사라진다는 것이다. 교육과정은 학기 초 결재를 위한 수단이 됐고 학급교육과정, 교사 수준의 교육과정은 점점 사라지면서 교사들의 역할이 사라지는 것만 같아 아쉽다.

나는 학교를 옮기면 반드시 외치는 것이 있다. 교육과정 편성에 있어 교사에게 자율권을 주고 학급 교육과정을 편성할 수 있도록 요구한다. 이런 요구로 인해 함께 생활하는 선생님들은 불평하기도 하지만 나의 신념은 확고하다.

교사는 교육과정의 전문가다.

이 신념은 우리 모든 교사가 가져야 할 긍정 마인드다. 이 긍정 마인드가 왜 부정적인 마인드로 변하는지는 우리 스스로가 피부로 느껴야 할 부분이다.

학교는 학생들과 함께 즐겁게 수업을 만들어가는 학습 공간이다. 이 공간의 기틀을 마련하는 것은 교사이며 교사는 그 기틀 속에 단단한 기둥을 다져야 한다. 그것이 바로 교육과정이다. 교육과정을 올바르게 바라보는 안목을 기르고 교육과정을 보는 폭넓은 문해력을 가져야 교사의 위치는 올라간다.

이 책이 탄생하기까지 많은 시간이 걸렸다. 교육과정에 대해 그동안 가진 생각과 신념을 정성껏 담아냈다.

Thanks to…

My family

- 집필 기간 동안 많은 어려움이 있었지만, 함께 고민하고 의견을 나누어 준 나의 사랑 이수경 선생님
- 놀아주지 않는다고 불평불만을 터뜨린 사랑하는 딸 예슬이와 아들 지우에게 미안함과 감사의 마음을 전합니다.

My teachers

- 교육과정에 대한 서로의 생각과 교육관을 항상 연구하고 토론하는 청년교사모임 회원님
- 교육과정에 대해 항상 지도해주시는 김여선 장학관님
- 교육과정에 눈을 뜨게 해준 필자의 멘토 김보경 장학사님
- 물심양면으로 도움을 주시는 도교육청 정성희, 김소영 장학사님
- 책을 써볼 수 있게 권유해주신 이성래 교감 선생님
- 책의 방향성과 기틀을 잡아 준 존경하는 후배 이진영 선생님
- 교육과정의 필요성에 대해 항상 함께 연구하는 김병주, 박다희, 강유경, 고아라, 유광준, 박민영 선생님
- 글의 내용과 생각을 그림으로 표현해 준 신규 정하경 선생님

- 책의 내용과 방향성을 검토해준 김미연 선생님
- 책의 출판을 위해 도움을 주신 목포한빛초등학교 이수환 교장 선생님을 비롯한 교직원분들
- 이 책이 완성될 수 있는 고민거리를 제공해준 나의 사랑하는 제자들

저에게 많은 도움과 힘을 주신 모든 분들께 감사의 마음을 이 책에 담아 전합니다.

참고문헌

- 경기도교육청(2017). 함께 만들어가는 교육과정.
- 강현석 외(2006). 국가교육과정 대강화의 방향과 과제: 교육과정 체제의 개선을 중심으로 중등교육연구, 54(1). pp.221~251
- 김선 외(2017).수행평가와 채점 기준표 개발. 서울:AMEC.
- 교육부, 2015 개정 교육과정 총론 외 15종.
- 전라남도교육청(2017). 교육과정-수업-평가의 일관성 장학자료.
- 전라남도교육청(2020). 초등 교사별 학생평가 역량 강화 연수자료.
- 목포교육지원청(2020). 에듀파인 학교 회계 예산편성 기본지침.
- 목포교육지원청(2020). 학교 교육과정 편성 길라잡이 장학자료.
- 경상남교교육청(2018). 학교 교육과정 편성 운영 지침.
- 구민, 이재호(2017). 프로젝트 학습을 통한 도덕적 문제해결력 신장, 「초등 교과 교육연구」4(2), 교육대학 교육연구원 연합회.
- 교육부(2019). OECD 국제 학업성취도 비교 연구(PISA 2018) 결과 발표. 보도자료(2019.12.4.)
- 교육부(2019). OECD 교육지표 2019 결과 발표. 보도자료(2019.9.10.)
- 국민일보(2018). 교사, 초등학생 희망직업 부동의 1위 자리에서 물러나다. (2018.12.14.)
- 세계일보(2009). 한국청소년 공부시간만 길다. (2009.8.7.)
- 전남교육청(2020). 초등 학생평가의 특징.
- 영광초등학교(2019). 일람표
- 목포한빛초등학교(2020). 목포한빛교육 2020.
- 목포유달초등학교(2016). 목포유달교육 2016.